楽しく学べる**怒り**と**不安**のマネジメント

カンジョウレンジャー&カイケツロボ

Hirofumi MUSASHI
武藏博文——編著

Sawa SAITO
齊藤佐和

Shota OGOU
小郷将太

Emi KADOWAKI
門脇絵美——著

エンパワメント研究所

もくじ

本書の使い方　〜マイ気分アップ〜 …………………………………… 6

ミッション1 カンジョウマスターといっしょに自分の気持ちを知ろう …………… 9

レベル1 ●うれしい気持ち・リラックス気分を知ろう ……………………… 10
- ワーク1　「うれしい」ことばを仕分けよう　12
- ワーク2　「うれしい」場面ランキング　13
- ワーク3　「うれしい」ときの体の変化を読み取ろう　14

レベル2 ●「怒り」と「不安」の気持ちを知ろう ……………………………… 16
- ワーク7　「イライラ」ことばを仕分けよう　18
- ワーク8　「イライラ」場面ランキング　19
- ワーク9　「イライラ」なときの体の変化を読み取ろう　20

レベル3 ●「気持ちメーター」を使おう ……………………………………… 22
- ワーク13　「気持ちメーター」を知ろう　24
- ワーク14　「気持ちメーター」を使おう　25
- ワーク15　「気持ちメーター」を使ってみんなでワーク！　26

ミッション2 カンジョウマスターといっしょによろこびを見つけよう ………… 27

レベル1 ●「うれしい日記」でよろこびを見つけよう ……………………… 28
- これが「うれしい日記」だ！　29
- 自分だけの「うれしい日記」を作って書こう　30

レベル2 ●「大好きずかん」でよろこびを集めよう ………………………… 32
- 「大好きずかん」だいすき！　33
- 自分だけの「大好きずかん」を作って集めよう　34

ミッション3 イライラ・ふあん★撃退戦隊カンジョウレンジャー登場！ ……… 37

レベル1 ●マイナスモンスターズ vs カンジョウレンジャーについて学ぼう …… 38
- チャレンジ1　マイナスモンスターズに気をつけろ　40

  🌟 チャレンジ2 「カンジョウレンジャー」と「プラスマン」登場！　42

レベル2 ●うんどうマン、リラックスマンと友だちになろう ………………… 44
  🌟 チャレンジ3 「うんどうマン」と友だちになろう　46
  🌟 チャレンジ4 「リラックスマン」と友だちになろう　48
  🌟 チャレンジ5 「リラックスマン」のおすすめわざを練習しよう　50

レベル3 ●おはなしマン、かんがえマン、いろいろマンと友だちになろう ……… 52
  🌟 チャレンジ6 「おはなしマン」と友だちになろう　54
  🌟 チャレンジ7 「かんがえマン」と友だちになろう　56
  🌟 チャレンジ8 「いろいろマン」と友だちになろう　58

ミッション 4　ポジティブ変身 プラスマン登場！　61

レベル1 ●プラスマンと友だちになろう ……………………………………… 62
  🌟 チャレンジ9 「プラスマン」と友だちになろう　64
  🌟 チャレンジ10 プラスの考えを知ろう：○×クイズにちょう戦　65
  🌟 チャレンジ11 プラスの考えを見分けよう：仕分けクイズにちょう戦　66

レベル2 ●プラスマンでポジティブに変身 ……………………………………… 68
  🌟 チャレンジ12・13 プラスの考え方を学ぼう：みんなでクイズにちょう戦　70
  🌟 チャレンジ14・15 見方を変えて「プラスの考え」を考えよう　74

レベル3 ●チャレンジ週間にアタック …………………………………………… 76

ミッション 5　マイナスモンスターズとバトルだ　79

レベル1 ●カンジョウ・シナリオを使って演じてみよう ……………………… 80
  カンジョウ・シナリオを使って演じてみよう　81
  🎬 シナリオ1 「かいじんイライラ」をへらせ　82
  🎬 シナリオ2 「どくおとこ」をやっつけろ　83

レベル2 ●マイキブン・カードゲームでモンスターズと対戦しよう ………… 84
  「カンジョウレンジャーカード」とは？　85
  これが「マイキブン・カードゲーム」だよ！　86
  マイキブン・カードゲームの大事なところ [1]　88
  マイキブン・カードゲームの大事なところ [2]　90

ミッション6 協力合体・友だちトラブル・カイケツロボ起動！ ... 93

レベル1 ●トラブラーズ vs カイケツロボについて学ぼう 94
　　トライ1　トラブラーズがあらわれた　96
　　トライ2　「協力合体カイケツロボ」起動！　97

レベル2 ●ひとことロボ始動せよ 98
　　トライ3　「ひとことロボ」始動せよ　100
　　トライ4　おすすめことばを選ぼう　102
　　トライ5　「ひとことロボ」を使いこなせ　103

レベル3 ●たちさりロボ出動せよ 104
　　トライ6　「たちさりロボ」出動せよ　106
　　トライ7　落ち着ける場所を探そう　108
　　トライ8　「たちさりロボ」を使いこなせ　109

レベル4 ●ほうこくロボ発信せよ 110
　　トライ10　「ほうこくロボ」発信せよ　112
　　トライ11　「にじいろチーム」を作ろう　114
　　トライ12　「ほうこくロボ」を使いこなせ　116

ミッション7 トラブラーズに立ち向かえ ... 119

レベル1 ●カイケツ・シナリオを使って演じてみよう 120
　　カイケツ・シナリオを使って演じてみよう　121
　　シナリオ1　学校でいやなことが起こっても「カイケツロボ」で解決　122

レベル2 ●マイキブンすごろくゲームにチャレンジしよう 124
　　これが「マイキブンすごろくゲーム」だよ！　128
　　「マイキブンすごろくゲーム」の大事なところ　130

カンジョウレンジャーのクイズにちょう戦！ 60
プラスマンのクイズにちょう戦！ 78
グループで活動を行うとき 92

巻末付録とCDの中身 132

本書の使い方　〜マイ気分アップ〜

●感情について学ぶのは難しい

　自分の感情を理解して、コントロールするのは難しいことです。子どもによっては、人の「気持ち」について話しても、わかっていない、話を聞こうとしない、教えても身につかない、話をするほど反発する、いつもマイナス思考でいる、などの困難が生じてしまいます。

●感情の理解と調整を支援する

　本書は、子どもが自分の感情に気づいて理解を深める、自ら使える感情の調整法を学んで練習する、トラブルを予防する対処法を学んで練習することをねらいとしています。

　そのために、快感情に満ちた前向きな生活を続ける工夫を提案しています。快感情の学びから始め、不快な感情について順に学んでいきます。わかりやすいワークシートを使い、グループワークで学び合うことを想定しています。感情の調整法やトラブルの対処法をキャラクター化して示し、ロールプレイやゲームで練習するようになっています。

①感情に気づき理解を深める
- 自分の感情状態を理解する
- 感情の程度を段階づける方法を身につける
- 快感情に満ちた生活をする

➡ ミッション1・2

②感情を調整する方法を学ぶ
- 身体活動的な対応を身につける
- 言語的・イメージによる対応を身につける
- 考え方をプラスに変える方法を身につける

➡ ミッション3・4

③感情を調整する方法を練習する
- シナリオを使ってロールプレイをする
- マイキブンカードゲームにチャレンジする

➡ ミッション5

④トラブルに対処する方法を学ぶ
- 自分の気持ちを伝え、その場から離れて、信頼できる人に報告する対処を身につける

➡ ミッション6

⑤トラブルに対処する方法を練習する
- シナリオを使ってロールプレイをする
- マイキブンすごろくゲームにチャレンジする

➡ ミッション7

● こうやって使おう！

　小学校中高学年を対象としています。低学年でも大人といっしょに楽しめます。方法（キャラクターやゲームなど）は簡単に見えますが、内容の一部は中学生にも使えます。

　ミッションは全部で7つあります。まず、感情の理解（ミッション1・2）から取り組むことをおすすめします。感情の調整法（ミッション3・4・5）、トラブルの対処法（ミッション6・7）は、どちらから始めてもかまいません。ロールプレイやゲーム（ミッション5と7）で繰り返し練習してしっかり身につけてください。日常に生かせる工夫が全体をとおして書かれていますのでぜひ参考にしてください。

◎ワークシートは、大人といっしょに話し合いながら使う、あるいは、子どもたちのグループ活動で使うことをねらいとしています
◎子どもの話を聞き、大人からの話を聞かせて、感じ方を広げていきましょう
◎同年齢の子ども同士で話し合い、互いの発表を聞き、それを参考として、自分の感じ方に加えます
◎子どもがひとりで使ってもかまいませんが、その際は、子どもが信頼する大人が見てあげるようにしましょう
◎ワークシートはすべてを順に行う必要はありませんが、子どもに合ったシートを選んで進めましょう

● いろいろ使えるワークシート

　ミッションのそれぞれにワークシートが掲載されていますので、コピーするなどして子どもたちと一緒に進めてください。

　付録のCDには、それぞれのミッションの続きのワークシートや、SSTでの指導案、プレゼン、感情の評価法、クイズ、絵カード、クラフトシールなど本文では紹介していないシートも収録されています（132～133ページ参照）。

※子ども用ワークシートの漢字は、小学2年生程度の学習レベルにあわせてあります
※CDに収録したワークシートは、現場で扱いやすいようWordとPDFの2種類を用意しています
※CD収録のワークシートは、内容は本文に掲載したものと同じですがデザインは異っています

ミッション 1

カンジョウマスターといっしょに
自分の気持ちを知ろう

- 「うれしい」「リラックス」について、ことば、場面、体の様子からよく知ろう
- 「イライラ」「不安」についても、ことば、場面、体の様子からよく知ろう
- 自分の感じる気持ちの大きさをあらわす方法を学ぼう

カンジョウマスター

レベル1 ★☆☆		うれしい気持ち・リラックス気分を知ろう
レベル2 ★★☆		「怒り」と「不安」の気持ちを知ろう
レベル3 ★★★		「気持ちメーター」を使おう

うれしい気持ち・リラックス気分を知ろう

レベル1 ★☆☆

　自分の気持ちや感情を自分なりに知ることは大切です。感情には、いろいろな気持ちがあり、いろいろな段階があります。感情をことばにすることで理解が深まり、感じた場面や活動、体にあらわれる変化を意識することで確かなものになるのです。
　まず、「うれしい、楽しい」気持ち、「リラックス」の状態といった快感情を理解することから始めます。

「うれしい」ことばを仕分けよう

　うれしいことばにもいろいろあり、使う場面も異なります。どれくらいうれしいときに、どのようなことばを使うのか段階分けします。
　ワークシート1（12ページ）の「うれしい」の説明を読んで、それをあらわす10のことばを、「めっちゃうれしい」「まあまあうれしい」「そうでもない……」の3段階に分けましょう。

- 子どもが分けられることばだけを行えばよい
- 「こんなときに使うよ」と大人が例示するとわかりやすい
- 子どもがよく使うことばを書き加えてもよい
- 大人や他の子の話を参考にして、ことばを仕分けたり書き加えてもよい

　大人や他の子の意見を知ることで、「気持ちを表現することばがたくさんある」「感じ方は人それぞれ異なる」ことへの理解につなげます。

「うれしい」場面ランキング

　うれしい気持ちになったできごと、場所、活動を思い浮かべてみます。特にうれしいと感じた場面のベスト3を選んで**ワークシート2（13ページ）**に書きこみましょう。

- 思い浮かぶ順にできごとや活動をあげてから、それを順位づけてみる
- 子どもがあまり思い浮かばないと言うときは、思い浮かぶものだけでよい
- 「学校で……」「家で……」のように場所ごとに考えてみる
- うれしいと感じた理由も書く

　うれしいできごと、楽しい思い出を具体的にいろいろとイメージできると、怒りや不安を落ち着かせるのに役立ちます。

「うれしい」ときの体の変化を読み取ろう

　うれしくなったとき、顔の表情や体にあらわれる変化を考えます。顔の表情、声の調子、体の動き、思うこと、気力・心のエネルギーの大きさを**ワークシート3（14ページ）**に書いてみましょう。**付録のCDには選択式のワークシートも用意しています。**字を書いたり、ことばを考えたりするのが苦手、といった子どもの状態に応じて使ってください。

- うれしくなったときのことを具体的に思い出したり、表情や体で表現してみる
- ワークシート1・2と関連づけて考える
- 「ふつう」「変化なし」「わからない」と言う子には、うれしいことばの例をいくつか示して選んでもらったり、うれしい様子の絵や写真などを見せて話し合う
- 大人や他の子の話を聞いて、いいなと思ったことは書き加える

　自分の体の変化を意識することや、大人や他の子の感じ方を知ることで、うれしい気持ちをあらわすきっかけを知ることができます。

「リラックス」ことばを仕分けよう

「リラックス」場面ランキング

「リラックス」したときの体の変化を読み取ろう

　ワーク4～6は、「リラックス」について理解を深めます。**「リラックス」のワークシートは付録のCDに収録してあります**ので、「うれしい」ときと同様に取り組んでいきましょう。
　ワーク6は、自由回答式の他、選択式のワークシートも用意しています。

> **うれしい気持ち・リラックス気分をゲット！**

　うれしい気持ち・リラックス気分に、いろいろな表現や段階があることに気づけたでしょう。
- うれしくなれる、リラックスできる場面や活動を見つけられたか？
- 表情や体を使って、うれしい気持ち・リラックス気分をあらわせたか？

　リラックス気分を知っておくと、怒りや不安のコントロール方法を学ぶときに役立ちます。

●ワークシート1　　　　　　　　　　　　　　　　　子ども用

「うれしい」ことばを仕分けよう

わたしたちの気持ちはつねに変わっていきます。うきうきして楽しく感じる気持ちを「うれしい」といいます。

「うれしい」をあらわす10のことばを、「めっちゃうれしい！」
「まあまあうれしい」「そうでもない……」の3つのレベルに分けてみよう！

- わくわく
- しあわせ
- 楽しい
- ラッキー
- のりのり
- どきどき
- うっとり
- よっしゃあ
- 大好き
- うきうき

それぞれの「うれしい」レベルに分けてみよう！

↓

めっちゃうれしい！

まあまあうれしい

そうでもない……

↑ うれしいレベル

！ 自分なりのことばを考えて書いてもよいぞ。

●ワークシート2　　　　　　　　　　　　　　　　　　　　子ども用

ワーク2 「うれしい」場面ランキング

うれしい気持ちになる場面のベスト3を書いてみよう！

第1位　どんなとき？

　

その理由は？

　

第2位　どんなとき？

　

その理由は？

　

第3位　どんなとき？

　

その理由は？

ミッション1　カンジョウマスターといっしょに　自分の気持ちを知ろう

●ワークシート3

「うれしい」ときの体の変化を読み取ろう

うれしい気持ちのときに、顔や体、思うことがどのように変わるかを書いてみよう！

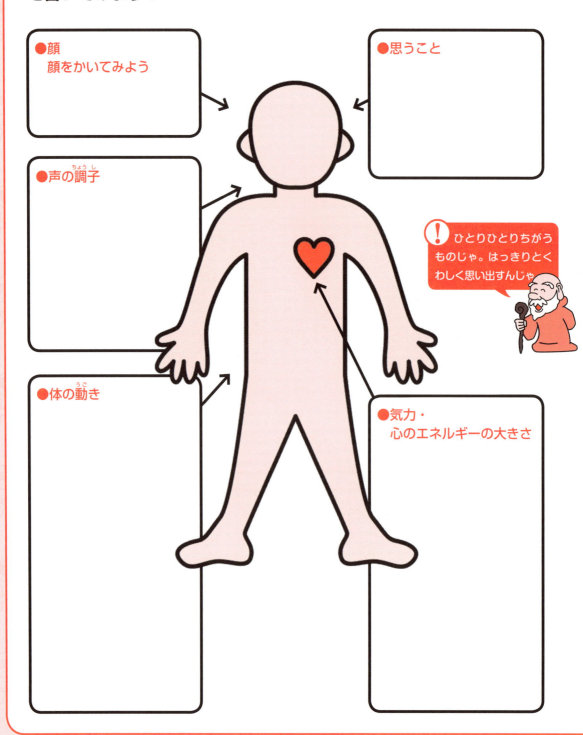

●顔
　顔をかいてみよう

●思うこと

●声の調子

●体の動き

●気力・
　心のエネルギーの大きさ

！ひとりひとりちがうものじゃ。はっきりとくわしく思い出すんじゃ

●うれしいときに、体はどのようになるのかな？

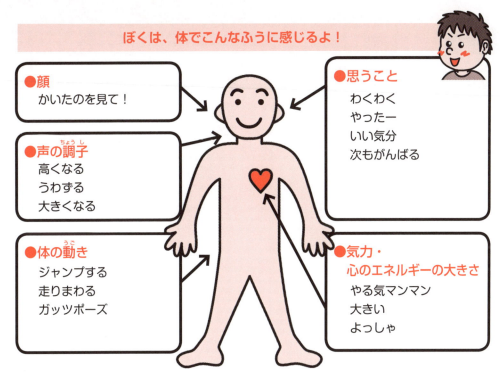

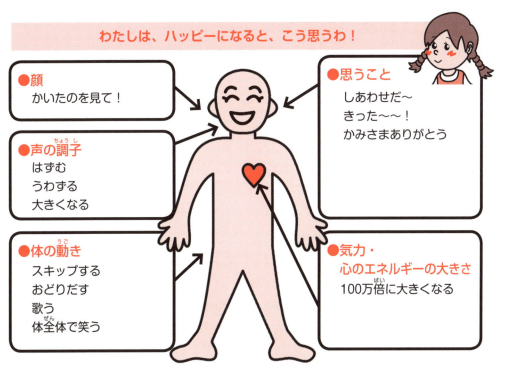

「怒り」と「不安」の気持ちを知ろう

レベル2
★★☆

　「怒り」と「不安」の不快感情は誰にでもあり、人に必要な感情の一つです。不快な感情を理解することが、感情的になりすぎずに、冷静にふるまうことにつながります。
　レベル1の練習と同じやり方でワークを進めます。子どもが嫌なできごとを次々と思い出し（フラッシュバック）、パニックにならないよう注意してください。

　「イライラ」ことばを仕分けよう

　怒りをあらわすことばはいろいろあります。怒りの程度に応じて、使うことばを分けます。
　ワークシート7（18ページ）の「怒り」の説明を読んで、「怒り」について考えることの意味を理解してからワークに進みます。レベル1での練習を生かして、「怒り」をあらわす10のことばを3段階に分けましょう。

- ことばをすべて「めっちゃ腹立つ！」に分けるなどの偏りがないように、3段階の全体に振り分ける
- 必ず大人とふり返りをして、分けた理由を確認する
- 子どもがあげた理由は、冷静に受けとめ、共感的に捉える

　大人や他の子の話を聞いて、怒りをあらわすことばがいろいろあること、ことばのあらわす怒りの大きさが人によって異なることを確かめます。

ワーク8　「イライラ」場面ランキング

　どのような場面、活動、人との間で怒りを起こしやすいかを知ります。**ワークシート8（19ページ）**の質問のうち、怒りを起こしやすい場面に○印をつけましょう。

- いつも決まって激しい怒りを起こす場面には◎をつける
- 子どもが戸惑ったり、感情が高ぶったら、ワークを終わりにして、場面や話を変える
- ○印をつけたがらなければ、無理強いせずに書ける範囲で取り組む

　付録のCDに収録されている**『イライラ』場面ランキング！　早見表**を見れば、イライラ・怒りの傾向がわかります。ミッション3以降で場面設定を考える際に役立てます。

②⑩⑭⇒学校活動トラブル　　③⑧⑬⇒先生トラブル　　①⑦⑮⇒友だちトラブル
④⑥⑫⇒友だち不疎通　　　　⑤⑨⑪⇒関係過敏

「イライラ」なときの体の変化を読み取ろう

　怒りのときに、顔や体にあらわれる変化を理解します。顔の表情、話し方、心の様子、筋肉の動きなどを**ワークシート9（20ページ）**に書いてみましょう。**選択式のワークシート（21ページ）**も用意してあるので選んで活用してください。

- 「何もない」「わからない」と言う子には、イライラのことばの例を示したり、様子を顔や体で演じるようにして具体的な変化を考えられるようアドバイスする
- 無理をせず書ける範囲で取り組む
- 大人や他の子の意見を参考にして書き加えてもよい

 ## 「不安」ことばを仕分けてみよう

 ## 「不安」場面ランキング

 ## 「不安」なときの体の変化を読み取ろう

　ワーク10〜12は、「不安」について理解を深めます。**「不安」のワークシート**は付録のCDに収録していますので、「怒り」のときと同様に取り組んでいきましょう。

　まず、**ワークシート10**の「不安」の説明を読んで、「不安」について考えることの意味を理解してからワークに進みます。

怒り・不安を知る

　怒りや不安の感じ方は、子どもによってさまざまです。通常とは異なる変わった応答をする子もいます。その子の感情の有り様を認めていきましょう。

- 特定の感情をまったく感じないと言う。たとえば「イライラするけど不安なんてあるわけない」と言い張る
- 直観的な捉え方ができずに、長々と理屈をいう。たとえば「イライラは怒ることだから、がまんできないわけ。でも、トイレに行くのじゃないから……」
- 話が飛躍して、現実とかけ離れた理由を言う。たとえば「僕が不安になるのは、ロケットに乗って月に向かい、着陸するときにクレーターが見えたときさ」
- 話が逸れてしまう。ことばや場面、体の変化のいずれの話をしても、横道に逸れて、一向に感情の話が進まない

●ワークシート7　　　　　　　　　　　　　　　　　子ども用

「イライラ」ことばを仕分けよう

思い通りにならなくて、腹が立つことを「イライラ」といいます。「イライラ」を感じるときや感じる大きさは、人によりちがいます。自分の「イライラ」を知っておくことは大切です。

「イライラ」をあらわす10のことばを「めっちゃイライラ！」「まあまあイライラ」「そうでもない」の3つのレベルに分けてみよう！

- 物をこわす　・腹が立つ　・こぶしをつくる
- ムカつく　・八つ当たり　・にらむ　・モヤモヤ
- キレる　・頭にくる　・むしゃくしゃする

それぞれの「イライラ」レベルに分けてみよう！

イライラレベル ↑

めっちゃイライラ！

まあまあイライラ

そうでもない

●ワークシート8

「イライラ」場面ランキング

子ども用

「イライラ」になりやすい場面に○、
「めっちゃイライラ！」な場面には◎をつけてみよう。

① 友だちに悪口を言われた……………………………………（　）
② 授業中にわからない問題をあてられた ……………………（　）
③ 友だちといっしょなのに自分だけ先生にしかられた……（　）
④ 自分がいないところで友だちが自分のうわさ話をしていた ……（　）
⑤ だれかが勝手に自分の物を持っていった…………………（　）
⑥ 遊びたかったのに友だちに「今日は遊べない」と言われた ……（　）
⑦ 友だちにからかわれた………………………………………（　）
⑧ 先生に自分の話を聞いてもらえなかった…………………（　）
⑨ 周りがうるさくて気が散った………………………………（　）
⑩ 学校の授業がわからなかった………………………………（　）
⑪ だれかが急に大きな声で話しかけてきた…………………（　）
⑫ ならんでいたのに友だちに横入りされた …………………（　）
⑬ 先生に、していたことをやめさせられた…………………（　）
⑭ テストの点数が悪かった……………………………………（　）
⑮ 友だちに無視された…………………………………………（　）

●他に、イライラする場面があれば書いてみよう。

....

....

....

ミッション1　カンジョウマスターといっしょに 自分の気持ちを知ろう

つけられるものだけでよいぞ。
イライラしてきたら休むのじゃ。

●ワークシート9-1（自由回答式）　　　子ども用

ワーク9　「イライラ」なときの体の変化（へんか）を読（と）み取ろう

「イライラ」したときに、顔や体、思うことがどのように変（か）わるかを書いてみよう！

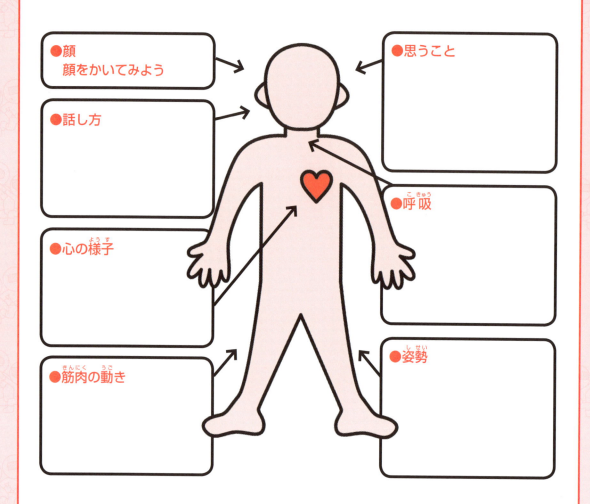

- ●顔　顔をかいてみよう
- ●話し方
- ●心の様子（ようす）
- ●筋肉（きんにく）の動（うご）き
- ●思うこと
- ●呼吸（こきゅう）
- ●姿勢（しせい）

　ぼくは、こんなふうになっちゃう。

- ○顔…
- ○話し方… どなる
- ○心の様子（ようす）… かっかする
- ○筋肉（きんにく）… 力が入る
- ○思うこと… やっつける
- ○呼吸（こきゅう）… あらくなる
- ○姿勢（しせい）… 背中が丸くなる

●ワークシート9-2（選択式） 子ども用

ワーク9 「イライラ」なときの体の変化を読み取ろう

「イライラ」したときに、顔や体、思うことがどのように変わるか、当てはまるものに○をつけよう。［　　　］に書いてみよう！

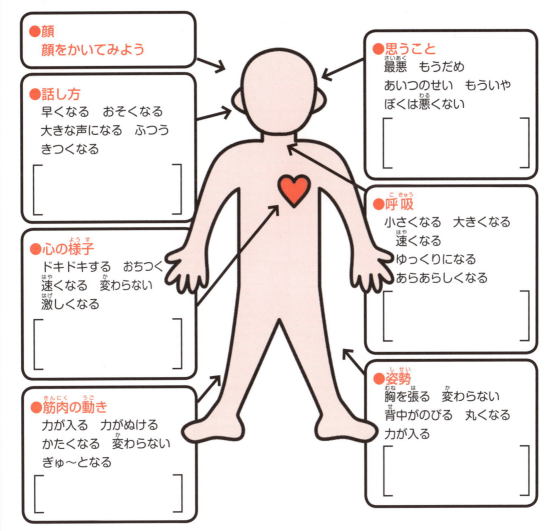

●顔
顔をかいてみよう

●話し方
早くなる　おそくなる
大きな声になる　ふつう
きつくなる
［　　　　　］

●心の様子
ドキドキする　おちつく
速くなる　変わらない
激しくなる
［　　　　　］

●筋肉の動き
力が入る　力がぬける
かたくなる　変わらない
ぎゅ〜となる
［　　　　　］

●思うこと
最悪　もうだめ
あいつのせい　もういや
ぼくは悪くない
［　　　　　］

●呼吸
小さくなる　大きくなる
速くなる
ゆっくりになる
あらあらしくなる
［　　　　　］

●姿勢
胸を張る　変わらない
背中がのびる　丸くなる
力が入る
［　　　　　］

ミッション1　カンジョウマスターといっしょに　自分の気持ちを知ろう

 ぼくは、こんなふうになっちゃう。

○顔…　　　　　　　　○思うこと… やっつける
○話し方… どなる　　　○呼吸… あらくなる
○心の様子… かっかする　○姿勢… 背中が丸くなる
○筋肉… 力が入る

21

レベル3 ★★★ 「気持ちメーター」を使おう

　感情の大きさをあらわす方法が、「気持ちメーター（気持ちの温度計）」です。
　気持ちメーターを使って、「うれしい」などの快感情や、「怒り」や「不安」の不快感情といった自分の気持ちの大きさを見えるかたちであらわします。

「気持ちメーター」

　感情の程度や強さに応じて、「1：ちょっと」から「5：めっちゃ」までに段階づけます。**「気持ちメーター」（ポケット版・大型版）** が付録の CD にあります。段階づけの練習に使いましょう。

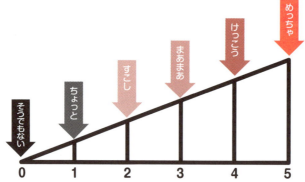

0：そうでもない…まったく感じない。全然思わない。
1：ちょっと………とくに気にならない。ほんのわずかに感じる。
2：すこし…………感じるときがある。少しだけ感じる。
3：まあまあ………感じることがよくある。ふつうに感じる。
4：けっこう………いつも感じる。強く感じる。
5：めっちゃ………決まって必ず感じる。とても強く感じる。

 ### 「気持ちメーター」を知ろう

　ワークシート 13（24 ページ） を提示して、気持ちの大きさ（程度や強さ）に応じて段階があることを説明します。身近な例や個人的なエピソードなどを交えながら説明するとわかりやすいでしょう。

①まず、極端な状態の「1：ちょっと」「5：めっちゃ」の段階から説明する
②次に、感じることがある、ふつうに感じるを中間の「3：まあまあ」の段階として説明する
③「5：めっちゃ」ほどではないものを「4：けっこう」の段階とし、「1：ちょっと」よりは大きなものを「2：すこし」の段階として説明する
④まったく感じない、全然思わないときは、「0：そうでもない」とする

「気持ちメーター」を使おう

ワークシート14（25ページ）の「わたし」になって、「ありがとう」と言われたときに、どんな気持ちになるかを考えます。
- その段階の大きさになった理由も合わせて考える
- 正解というものはないので、それぞれの感じ方を大事にする
- おかしいと否定したり、変わっていると指摘したりしない

「気持ちメーター」を使ってみんなでワーク！

怒りや不安が生じる場面について、何人かの子どもたちで一緒に練習します。**ワークシート15（26ページ）**は本書に、**ワークの続き（ワーク16・17）**は付録のCDにあります。
①まず、それぞれ自分のワークシートに、自分の気持ちの段階をつける
②次に、大型版「気持ちメーター」をみんなの前において、互いに自分の気持ちの印をつける
③大人や他の子の発表を聞いて、感じ方の違いを知る
④同じ感じ方のときは、「私も同じ」と返そう。違う感じ方のときは、「なるほど、そういうこともあるね」と認め合う

多くの人がどのように感じているかに気づかせます。他の子の発表を聞いて、共感をもって受けとめられる練習をします。みんなでワークの詳しい説明は付録のCDにあります。

偏ってつける、極端につける

偏ってつける（たとえば「0：そうでもない」ばかりにつける）、極端につける（たとえば「1：ちょっと」や「5：めっちゃ」のどちらかだけにつける）場合は、以下のように対応しましょう。
- これまでの「ことば仕分け」「場面ランキング」で学んだことを思い出してもらう
- 大人や他の子がつけている様子を示してまねしてもらう
- 「2：すこし」「3：まあまあ」などの中間くらいの段階について再度説明する
- 子どもそれぞれに応じた具体的な場面を思い出すように促して、子どもの心の小さな感情の変化をつかみ、それを表現するように練習してもらう

●ワークシート13　　　　　　　　　　　　　　　子ども用

「気持ちメーター」を知ろう

気持ちの大きさをあらわす方法を「気持ちメーター」といいます。

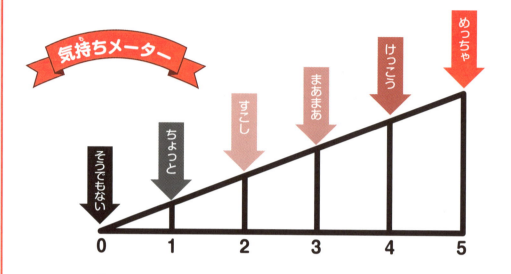

ワンポイントアドバイス　大きさにより、「1：ちょっと」から「5：めっちゃ」までであらわすのじゃ。
感じない、思わないときは「0：そうでもない」でよいぞ。
どんな気持ちの大きさをあらわすときも使い方は同じじゃ。

●気持ちメーターはこんなふうに使うんだよ。たとえば……

★「まあまあ」うれしいときは……

強くも弱くもない。
ふつうに感じるから、
うれしい気持ちは「3」かな。
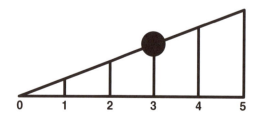

★「めっちゃ」うれしいときは……

とっても強く感じるから
うれしい気持ちは
「5」かな。
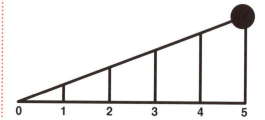

● ワークシート14　子ども用

ワーク14 「気持ちメーター」を使おう

次の話を読んで、「わたし」になって「うれしい」気持ちがどのくらいになるか「気持ちメーター」を使ってあらわしてみよう！

❶重そうな荷物を持っているおばあさんがいました。

❷わたしはそのおばあさんの荷物を持ってあげました。

❸おばあさんはわたしに「ありがとう」と言ってくれました。

ミッション1　カンジョウマスターといっしょに　自分の気持ちを知ろう

○○くんの場合

★「うれしい」気持ちの大きさは……

（ 2 ）

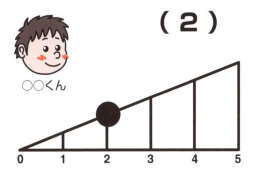

○○くん

★その理由は…

「ありがとう」って言われたのはうれしいけど、お礼におかしをもらえるとよかったなぁ……。だからすこしだけうれしかったよ。

やってみよう！

★「うれしい」気持ちの大きさは……

（　）

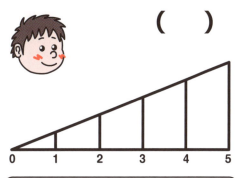

★その理由は…

25

●ワークシート15

ワーク15 「気持ちメーター」を使ってみんなでワーク！

次の話を読んで、「イライラ」の気持ちの大きさを「気持ちメーター」にあらわしてみよう。

やってみよう！

★「イライラ」の大きさは……　（　）

★その理由は……

●他の人の意見を聞いて書いてみよう。

　　　　さんの場合

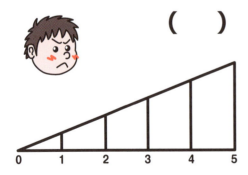

★「イライラ」の大きさは……　（　）

★その理由は……

　　　　さんの場合

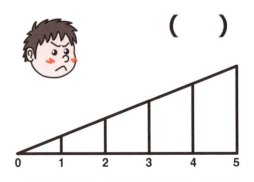

★「イライラ」の大きさは……　（　）

★その理由は……

ミッション 2

カンジョウマスターといっしょに
よろこびを見つけよう

- 自分の「うれしい」「楽しい」をたくさん見つけてためよう
- 自分の「うれしい」「楽しい」を見つけることを続けよう

レベル1 ★☆☆	「うれしい日記」でよろこびを見つけよう
レベル2 ★★☆	「大好きずかん」でよろこびを集めよう

「うれしい日記」でよろこびを見つけよう

レベル1 ★☆☆

　「うれしい・楽しい」や、「くつろいだ・リラックスした」という快感情を深めて確かなものにすることは、感情の安定にとって大切です。

　そのためには、日常生活で起こった快感情についての体験やできごと、自分が好きなことや興味・関心のあることを、たくさん溜めて思い出せるようにしておきます。

　その方法として、「うれしい日記」と「大好きずかん」を紹介します。

「うれしい日記」を書こう

　「うれしい日記」とは、子ども本人がうれしかったこと、楽しかったこと、あるいは家族や友だちを喜ばせたことを書きのこして、ふり返るための日記です。

　この日記を書くことで、自分の周りにうれしいできごとがたくさんあることに気づくことができます。不安になったときや落ち込んだときに、日記を見ることで、うれしいできごとを思い出すことができます。

　「うれしい日記」の**日記カードはこのミッションの最後（36ページ）**にあります。コピーして使いましょう。**形式の違う「うれしい日記」**を付録のCDに収録したので活用してください。

- 本人がうれしい、楽しいと思ったことなら、どんなことを書いてもよい
- 他の人を困らせたり、侮辱する内容は書かない
- うれしいこと、喜ばせたことがあったときに書けばよい
- 文章だけでなく、絵やイラストを描いたり、写真などを貼ってもよい
- うれしい気持ちを「気持ちメーター」や表情、体の様子で描いてみる

日記ファイルに綴じて増やそう

　「うれしい日記」を書いたら、日記ファイルに綴じて溜めていきます。最初から白紙の日記カードをたくさん綴じておくのではなく、書くごとに綴じて溜めるのがコツです。

- 日記を人に見られたくない子は、自分のペースで書き溜めて、自分で見直すようにする
- 子ども同士で発表し合い、内容を確かめ合う場をつくる
- 大人が日記の内容に肯定的なコメントを書き加えるようにするとよい
- うれしいできごとがあったとき、どのような気持ちだったのか、相手を喜ばせたとき、どのような反応があったのか話し合う

● 「うれしい日記」

子ども用

これが「うれしい日記」だ！

「うれしい日記」は、自分がうれしかったことや、だれかを喜(よろこ)ばせたことを書く日記です。日記を見て、うれしいことを思い出そう。

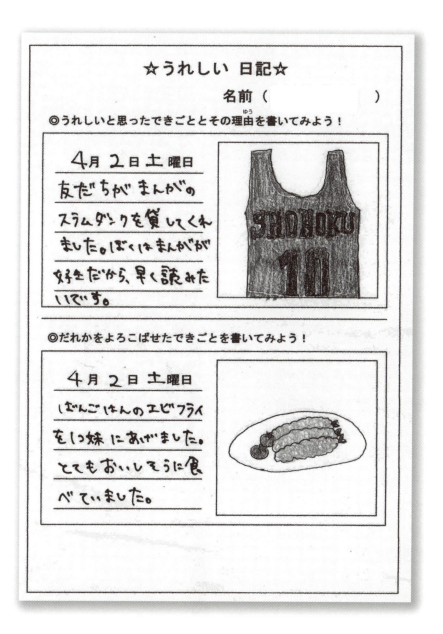

ミッション **2**

カンジョウマスターといっしょに よろこびを見つけよう

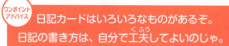

ワンポイントアドバイス　日記カードはいろいろなものがあるぞ。
日記の書き方は、自分で工夫(くふう)してよいのじゃ。

29

● 「うれしい日記」

自分だけの「うれしい日記」を作って書こう

◆ 「うれしい日記」を書こう

・自分がうれしいことなら、なんでも書いてね。人が困ることは書かないよ
・お母さん、お父さん、きょうだい、友だち……身近な人を喜ばせて、日記に書こう
・絵をかいたり、写真をはったりしてもいいよ
・うれしいこと、喜ばせたことがあったときに、書けばいいよ

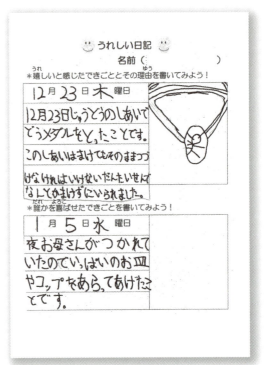

◆ 日記ファイルにとじて増やそう

・お店に売っているファイルを買って、「うれしい日記」のファイルを作ろう
・ファイルの表紙に、好きな絵をかいたり、シールをはったりして、自分だけのファイルにしちゃおう
・日記を書いたら、ファイルにとじて、ページを増やそう

- うれしいときの様子をハッピーレベルに書いてもいいよ。気持ちメーターを習ったから使えるね
- うれしいときの体の変化を書くこともできるよ。うれしいときに、体がどうなるのか、気づいたことを書いてみよう

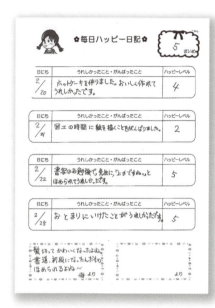
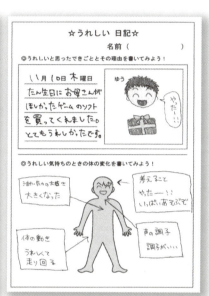

★ うれしい日記 質問コーナー

問い　絵をかかないとダメなの？　絵をかくのは苦手なんだ……
答え　絵のかわりに写真や切りぬきをはってもいいぞ！

問い　「うれしい日記」は毎日書かないといけないの？
答え　毎日じゃなくても、うれしいことがあった日だけ書けばよいぞ。
　　　うれしいことがたくさんあれば、同じ日にいくつ書いてもオッケーじゃ！

問い　「うれしい日記」はいつも同じ日記カードじゃないとダメなの？
答え　ちがう日記カードを使ってもよいぞ。
　　　書きたいことによって、書きやすい日記カードを選ぶのじゃ。

問い　最初から、たくさんカードをとじたらダメなの？
答え　書くたびにとじたほうが、
　　　日記カードが増えたときに喜びがわくぞ。

「大好きずかん」でよろこびを集めよう

レベル2 ★★☆

　好きなこと、興味や関心のあることは人によって違います。自分で見てわくわくし、ハッピーな気分になれる「大好きずかん」を作ります。
　「うれしいこと」「好きなこと」をわざわざ日記や図鑑にしなくても……と思わずに、途切れてもよいので、思い出したときに、続けてみることです。

「大好きずかん」を作ろう

　「大好きずかん」は、子ども本人が好きなもの、興味や関心のあるものを集めるノートです。落ち込んだときにこの図鑑を見ることで、気分を変えて自分を落ち着かせることができます。
　次のページからの**「大好きずかん」の見本**を参考にして、自分だけの「大好きずかん」を作りましょう。
　付録のCDには「大好きずかん」の作り方を説明した**「大好きずかんカード」**が収録されています。各自の「大好きずかん」に貼っておくと確認しやすいでしょう。

- 本人が好きな物、食べ物、本、音楽、活動や、興味や関心のある場所・景色、趣味、ファッション、娯楽、スポーツなどなんでもよい
- 本人の健康を害したり、他の人を混乱させる内容は書かない
- 本人が気に入ったノートを使う（リング式ノートが貼りやすい）
- 好きな物のパッケージや切り抜きを貼り付ける
- 実物を貼り付けられない物は写真に撮って貼る
- 社会的・衛生的によくないものを貼らない
- イラストを描いたり、本や雑誌の記事を書き写してもよい
- どんなところを好きだと思ったのかを書き留めておく

好きなものを集めてハッピーになろう

　調べて集めるとわくわくします。同じことが好きな人、関心をもってくれる人を探そう。

- 同じような物ばかり集めたり、風変わりな物を貼ったりする子がいても、本人の好きな物であればできるだけ認める
- 本人の趣味を理解してくれる人や友だちと一緒に図鑑を見て盛りあがろう
- 「大好き」発表会を企画して、互いの発表を聞く。互いの大好きを「いいね」と認め合う（「発表会をしよう」の詳しい説明は付録のCDに収録）

●「大好きずかん」

子ども用

「大好きずかん」だいすき！

「大好きずかん」は、自分が好きなもの、興味のあることを集めるノートだよ。ずかんを見て、ハッピーになろう。

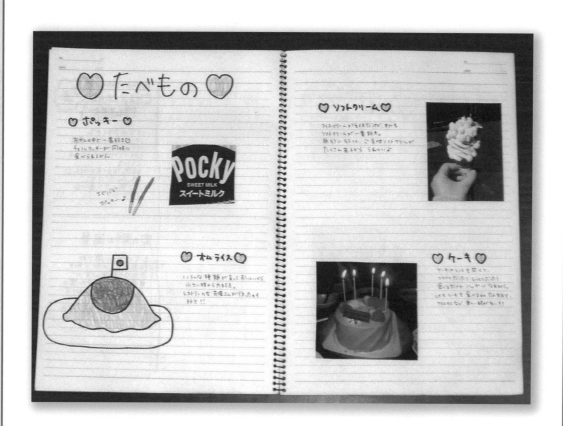

「大好きずかん」には、こんなものをのせるとよいぞ。
自分の「大好きずかん」を作るときに参考にしてみてくれ。

- ・食べもの・飲みもの
- ・マンガ・ゲームのこと
- ・好きな活動
- ・好きなこと・しゅ味
- ・自分なりの楽しみ
- ・ツボにはまったしゅん間

- ・身の回りのもの
- ・音楽
- ・場所・景色
- ・ファッション
- ・スポーツ

など

ミッション **2** カンジョウマスターといっしょに よろこびを見つけよう

33

● 「大好きずかん」

自分だけの「大好きずかん」を作って集めよう

◆「大好きずかん」を作ろう

・ノートを用意して、自分だけの「大好きずかん」を作ろう
・ノートの大きさや表紙は、自分の好みで選ぼう
・大きいノートなら、たくさんはれる
・小さいノートはどこにでも持って行ける
・おすすめは、リングタイプのノート。絵や写真をはってもかさばらない

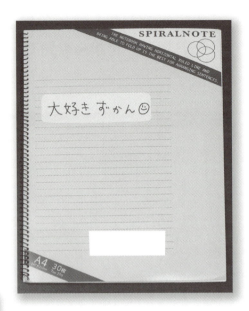

はるときの注意

・人がいやがるもの、気分の悪くなるものは、このずかんにはりません
・自分が不安になったり、イライラするものは、このずかんにはりません

切りぬくときのルール

・切りぬいてはってもよいか、おうちの人や先生に聞いてから切りぬこう
・切りぬいてはダメと言われることもあります
・どうしてもはりたいときは、カラーコピーをとってはろう

◆好きなものを集めて、ハッピーになろう
・自分が作った大好きずかんに、好きなものをはって、説明を書こう
・どのようなところが好きか、なぜ好きかも書いておくといいね
・好きなもの、興味のあるものを見つけたら、そのたびに、はって増やそう

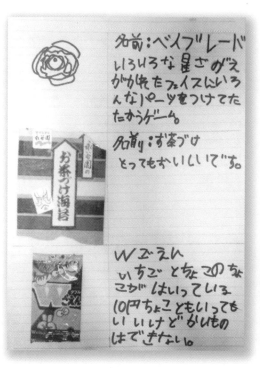
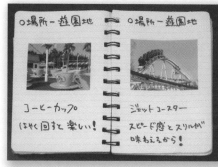

★ 大好きずかん 質問コーナー

問い　好きなものが同じようなものばかりなんだけど、いいの？
答え　もちろん！　どんどん好きなものを集めていけばいいのじゃ！

問い　好きなものだったら、なんでものせていいの？
答え　はったり書いたりする前に、おうちの人や先生にのせてよいかを確かめてみよう！

問い　好きなものが大きすぎてはれないんだけど、どうしたらよいの？
答え　本物がはれない場合は、写真にとってからはったり、自分で絵をかいてみてもよいぞ！

「うれしい日記」を書いてみよう！

☆うれしい 日記☆　　（　　）まいめ

◎うれしいと思ったできごととその理由(ゆう)を書いてみよう！

　　　月　　　日　　　曜日

◎だれかを喜(よろこ)ばせたできごとを書いてみよう！

　　　月　　　日　　　曜日

ミッション 3

イライラ・ふあん★撃退戦隊
カンジョウレンジャー登場！

- 自分の気持ちを整えるコツを学ぼう
- 体を動かす、気分を落ち着かせる、話をする、自分に言い聞かせる、楽しい気持ちになるという5つの方法を学ぼう

カンジョウマスター

レベル1 ★☆☆	マイナスモンスターズ vs カンジョウレンジャー について学ぼう
レベル2 ★★☆	うんどうマン、リラックスマンと友だちになろう
レベル3 ★★★	おはなしマン、かんがえマン、いろいろマンと友だちになろう

マイナスモンスターズ vs カンジョウレンジャーについて学ぼう

レベル１ ★☆☆

　「怒り」や「不安」の不快感情が増えたり大きくなると、困った感情になってしまいます。これを「マイナスモンスターズ」というキャラクターであらわします。

　こうした困った感情に対処するためのさまざまな方法を、「カンジョウレンジャー」という５人のキャラクターと「プラスマン」として紹介します。

 マイナスモンスターズに気をつけろ

　イライラや不安が増えると「困った怒りや不安」になり、さらにそれが「怒りや不安のマイナスの考え」につながることを理解します。**チャレンジシート１（40 ページ）**を見ながら、それぞれの状態のときに、どのような気持ちになるのか特徴を学びましょう。

　子どもの感情が高ぶったり、気分が悪くならないように注意しましょう。

★**かいじんイライラ**：「怒り」の感情をあらわすキャラクター
　少ないときは、気にせずに応じることができる。「悪口を言われた」などをきっかけに増え出して、心の中をイライラでいっぱいにして、「困った怒り」にしてしまう。

★**どくおとこ**：「怒り」のマイナスの考えをあらわすキャラクター
　「困った怒り」が強くなるとあらわれて、「絶対許さない」などの「怒りのマイナスの考え」でトラブルだらけにしてしまう。

★**ふあんちゃん**：「不安」の感情をあらわすキャラクター
　小さいときは、仲良くつき合うことができる。友だちとの行き違いなどをきっかけに大きくなって、「困った不安」を引き起こし、どうしてよいかわからなくしてしまう。

★**ふあん大王**：「不安」のマイナスの考えをあらわすキャラクター
　「困った不安」が大きくなると変身して、「何をしてもだめ」などの「不安のマイナスの考え」で何もできなくしてしまう。

チャレンジ2

「カンジョウレンジャー」と「プラスマン」登場！

　感情のコントロールの代表的な方法は、「運動」「リラックス」「人との交流」「自己教示」「よいイメージ」の5つに分けられます。本書では、この5つの方法を、それぞれ戦隊ヒーロー「カンジョウレンジャー」の「うんどうマン」「リラックスマン」「おはなしマン」「かんがえマン」「いろいろマン」の5人のヒーローであらわしています。

　さらに、「マイナスの考えをプラスに変える」方法は、「プラスマン」という6人目のヒーローであらわします。

　チャレンジシート2（42ページ）を見ながら、感情をコントロールする方法には「カンジョウレンジャー」の得意技が、マイナスの考えをプラスに変える方法には「プラスマン」の得意技が有効であることを学びます。各レンジャーの詳しい特徴については、レベル2以降で紹介します。

・トラブル内容や困った場面に応じて、カンジョウレンジャーの得意技を使い分けたり、2つ以上の得意技を組み合わせて対処する
・子どもが行えそうな得意技を考えてもらう。さらに、大人や他の子の例や意見を参考にして、できそうなものは、自分のカンジョウレンジャーの得意技に加える

★**カンジョウレンジャー**：感情のコントロール方法をあらわすキャラクター

　「困った怒りや不安（マイナスモンスターズ）」があらわれたときに、それぞれの得意技で対抗する。

　子ども本人ができそうな「得意技」をそれぞれのキャラクターに当てはめて考えよう。

●体を動かすことが得意な「うんどうマン」（赤・レッド、運動）
●気分を落ち着かせることが得意な「リラックスマン」（青・ブルー、リラックス）
●話しかけることが得意な「おはなしマン」（桃・ピンク、人との交流）
●自分に言い聞かせることが得意な「かんがえマン」（緑・グリーン、自己教示）
●楽しい気持ちになることが得意な「いろいろマン」（黄・イエロー、よいイメージ）

★**プラスマン**：マイナスの考えをポジティブに変える方法をあらわすキャラクター

　「怒りや不安のマイナスの考え（どくおとこ、ふあん大王）」が大きくなったときに、6番目のヒーローとして登場する「プラスマン」（黒・ブラック、前向き思考）。

・「プラスの考え」を知る　　・「プラスの考え」の考え方を学ぶ
・見方を変えて「プラスの考え」を考える

●チャレンジシート1

マイナスモンスターズに気をつけろ

「マイナスモンスターズ」とは、「イライラ」や「不安」などのマイナスの気持ちのときにあらわれるモンスターのことだよ。

◆「かいじんイライラ」が増えると……

かいじんイライラ
イライラを増やして、「困った怒り」にする。友だちとのトラブルのもとになってしまう

少ないときは、気にしなければ、だいじょうぶ……。

増えると、イライラでいっぱいになり、「困った怒り」になってしまう！

どくおとこ
イライラが増えて、たまったときにあらわれて「許さないぞ」「やっつけてやる」などの「怒りの考え」にしてしまう。

怒りのマイナスの考え

「怒りの考え」で、頭がいっぱいになって、トラブルが止まらなくなるよ。

子ども用

◆「ふあんちゃん」が大きくなると……

小さいときは、なかよくすることができる。

大きくなると、「困った不安」を引き起こして、どうしたらよいのかわからなくなってしまう。

ふあんちゃん
不安の大きさにあわせて、大きくなったり小さくなったりする。
大きくなると、「困った不安」や体の変化を引き起こす。

困った不安

不安のマイナスの考え

ふあん大王
不安が大きくなりすぎると変身して「何してもだめだ」「きらわれてる」「失敗ばかりさ」などの「不安の考え」にしてしまう。

「不安の考え」で、頭がいっぱいになって、何もできなくなってしまう！

ミッション 3　イライラ・ふあん★撃退戦隊　カンジョウレンジャー登場！

● チャレンジシート 2

「カンジョウレンジャー」と「プラスマン」登場！

「カンジョウレンジャー」は、
気持ちのコントロールを助けてくれる5人のヒーロー。

カンジョウレンジャー
・5人それぞれが、気持ちをコントロールする得意わざを持っているぞ！
・ふたり以上のレンジャーの得意わざを組み合わせて使うと強力だよ

◆「カンジョウレンジャー」はこんなとき助けてくれるよ！

「かいじんイライラ」が増えたとき

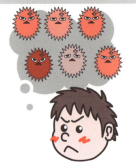

得意わざを使う

「かいじんイライラ」を減らすことができる！

「ふあんちゃん」が大きくなったとき

得意わざを使う

「ふあんちゃん」を小さくすることができる！

子ども用

6人目のヒーロー「プラスマン」は、プラスの考え方が得意。

・「マイナスの考え」をプラスに変えるヒーロー
・「どくおとこ」や「ふあん大王」のマイナスの考えが大きくなったときに登場する

◆プラスマンは、どんなときに助けてくれるの？

「どくおとこ」によって「怒りのマイナスの考え」になってしまったとき

得意わざを使う

「マイナスの考え」をプラスにかえることができる！

プラスの考え方

「ふあん大王」によって「不安のマイナスの考え」になってしまったとき

得意わざを使う

「マイナスの考え」をプラスにかえることができる！

プラスの考え方

! 自分に合った「カンジョウレンジャー」の得意わざを考えるのじゃ！

ミッション3　イライラ・ふあん★撃退戦隊　カンジョウレンジャー登場！

うんどうマン、リラックスマンと友だちになろう

レベル2 ★★☆

　ここでは、「カンジョウレンジャー」の5人のヒーローのうち、体を使って気持ちを落ち着ける身体活動的な対応について学びます。

　まず、体を動かして気持ちをコントロールする方法を「うんどうマン」というキャラクターであらわします。運動とは逆に、体をリラックスして気分を落ち着かせる方法は「リラックスマン」というキャラクターであらわします。

「うんどうマン」と友だちになろう

　「うんどうマン」の得意技は、体を動かし、エネルギーをたくさん使って、怒りや不安を小さくしていくことです。

　具体的な技の例として、①学校の休み時間で行えるものに、「校庭を走る」「友だちとなわとびをする」「おにごっこをする」「サッカーやドッジボールなどのスポーツをする」「ほうきやぞうきんを使って掃除をする」などがあります。②その場で行えるものに、「いらない紙を破る」「手をぎゅっと5秒間にぎる」「机の下で軽く足踏みをする」「自分の肩をたたく」など、③家庭や近所で行えるものに、「ペットと散歩する」「自転車を乗り回す」「ダンスを踊る」「体操をする」などがあります。

　チャレンジシート3（46ページ）を使って、3つの場面で使えるうんどうマンの得意技の例示を元に考えて記入しましょう。付録のCDには、**選択式のチャレンジシート**もあるので活用してください。例示をそのまま自分の得意技として書いてもかまいません。「特にない」「運動しない」という子には、場面を限定せず、子どもができそうな運動を考えてみましょう。

　子どものオリジナルの技は大歓迎ですが、以下の点に注意しましょう。

・「かいじんイライラを投げ飛ばす」「サンダーハリケーンを使う」のような空想やゲームの世界の技ではなく、実際に自分で行えること
・「友だちを殴る」「教室・家の物を壊す」「教科書を破く」といった、物や相手に当たり、周りに迷惑をかけることはしない
・「ふとんの枕を蹴る」→「パンチングバッグでボクササイズする」「缶を蹴って散らかす」→「缶つぶしでリサイクルする」のように周りから認められるやり方を提案する
・その場面に適切な技であるか子どもと話し合う。たとえば、うんどうマンの得意技の一つに「走ること」があるが、授業中に教室の中を走ることはしない

「リラックスマン」と友だちになろう

　「リラックスマン」の得意技は、ゆったり、のんびり、楽をして、気分を落ち着けて、怒りや不安を小さくしていくことです。

　具体的な技の例としては、①その場で「深呼吸する」「伸びをする」「ひとりになる」「体の力をぬく」などがあります。②気軽にできる好きな活動として「本を読む」「音楽を聴く」「絵を描く」「折り紙をする」「あやとりをする」など、③家庭や近所で行うなら「ストレッチする」「お風呂に入る」「布団の中で寝る」などがあります。

　チャレンジシート4（48ページ）を使って、「その場で行える」「好きなことをする」「家や近所で行える」リラックスマンの得意技を、うんどうマンのときと同じように考えていきしょう。

- 実際にその場面で自分が行える得意技であること
- どのようにしたら、適切な技となるのかを子どもと話し合う。たとえば、リラックスマンの得意技の一つ「寝ること」は、授業中には適切ではない。家に帰ってから横になる、どうしても我慢できなければ許可を得て保健室で休憩する、などと考える
- 「ゆったりできない」「わからない」と言う子には、学校の教室にいるときや授業中に行いやすい技を考えて、実際の場面を想定して子どもと演じて練習する
- 気軽にできる好きな活動は、その場ですぐにできるように、必要な道具や材料を身近に準備しておく。あくまで気分転換が目的なので、没頭しすぎないことが大切
- 「おちつけ・おちつけ」と考えることは、リラックスマンではなく、レベル3のチャレンジ7に登場する「かんがえマン」の得意技とする

「リラックスマン」のおすすめわざを練習しよう

　チャレンジシート5（50ページ）を見ながら、リラックスの基本となる、呼吸法「ゆっくり呼吸」と、筋弛緩法「だら～ん脱力」をみんなで練習してみましょう。「リラックスマン」のおすすめわざの詳しい説明は付録のCDにあります。

■ゆっくり呼吸する
- 空気を、ゆっくり鼻から吸って、やさしく口から吐き出す
- 体の中の空気をなるべく全部はき出す
- 肩の力を抜いて、お腹から空気を出すようにする
- 子どもの呼吸が速く荒くなり、肩に力が入るようならやめる

■だら～んと力を抜く
①普通の姿勢で座る　②ぎゅっと体（肩周辺、肩甲骨のあたり）に力を入れる
③体の力をストーンと抜いて、体の全体の重さを感じる
④最低4～5回繰り返して行う
- 椅子に腰かけたり、手をあげて背伸びをしてから行ってもよい

●チャレンジシート3

「うんどうマン」と友だちになろう

チャレンジ3

からだを動かすことが得意な「うんどうマン」！

うんどうマン

●得意わざ
・運動、からだを動かすこと
・たくさんのエネルギーを使って気持ちをコントロールするぞ！

◆うんどうマンの得意わざはこれだ！

「学校の休み時間にできる」うんどうわざ
・校庭を走る
・友だちとなわとびをする
・おにごっこをする
・サッカーやドッジボールをする
・そうじをする

うんどうマンの得意わざ：休み時間にできるわざを考えよう。

うんどうわざのポイント・その1

■できることにしよう
　✗「ライダーキックでかいじんイライラをやっつける」
　◎「なわとびをしてイライラをへらす」

■他の人がいやがらないことにしよう
　✗「人をたたく」「いすをける」「教科書をやぶく」

子ども用

「その場で行える」うんどうわざ
・いらない紙を破る
・手をぎゅっと5秒間にぎる
・机の下で軽く足ぶみをする
・自分のかたを軽くたたく

うんどうマンの得意わざ：その場で行えるわざを考えよう。

「家や近所で行える」うんどうわざ
・ペットと散歩をする
・自転車を乗りまわす
・部屋でダンスをおどる
・体操をする

うんどうマンの得意わざ：家や近所でできるわざを考えよう。

> **うんどうわざのポイント・その2**
>
> ■時間や場所に気をつけよう
>   たとえば、「走る」は、
>   ✕「授業中に教室を走りまわる」
>   ◎「休み時間に運動場を走る」
>
> ★わざをする前に、「～していい？」と、近くの人に聞いてみるとよいぞ！

ミッション3　イライラ・ふあん★撃退戦隊　カンジョウレンジャー登場！

●チャレンジシート4

「リラックスマン」と友だちになろう

気分を落ち着かせることが得意な「リラックスマン」！

リラックスマン

●得意わざ
・ゆったりする、力をぬくこと
・のんびりと、楽をすることで気持ちをコントロールするぞ！

◆リラックスマンの得意わざはこれだ！

「その場で行える」リラックスわざ
・ゆっくり呼吸をする
・のびをする
・ひとりになる
・だら〜んと力をぬく

リラックスマンの得意わざ：その場で行えるわざを考えよう。

リラックスわざのポイント・その1

■時間や場所に気をつけよう

たとえば、「ねる」は、
✕「授業中にふてねする」
◎「家に帰ってからねる」

★わからないときは、「〜していい？」と聞いてみよう！

子ども用

「好きなことをする」リラックスわざ

- 本を読む
- 音楽をきく
- 絵をかく
- 折り紙をする

リラックスマンの得意わざ：好きなことをするわざを考えよう。

「家や近所で行える」リラックスわざ

- ストレッチをする
- おふろに入る
- ふとんの中でねっころがる
- 花の水やりをする

リラックスマンの得意わざ：家や近所でできるわざを考えよう。

リラックスわざのポイント・その2

- 「今はダメ」「やめて」と言われたときは、他のわざを考えよう
- その場でできるリラックスわざを考えてみよう
- 授業中に、目立たないように使うのがコツ！

ミッション3　イライラ・ふあん☆撃退戦隊　カンジョウレンジャー登場！

●チャレンジシート5

チャレンジ5 「リラックスマン」のおすすめわざを練習しよう

目標：ゆっくり呼吸をして、パワーをためよう

- ゆっくり鼻から息を吸って、そのままゆっくりはく
- 息は止めないよ
- 口をすぼめて、ストローで息をふくつもりでしよう

◆ゆっくり呼吸する

①ゆっくり鼻から吸って

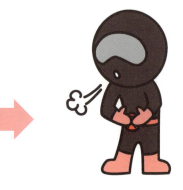
②ゆっくり口からはく

③落ち着くまでくり返す

●呼吸の早さをだんだんとゆっくりにする。ちょう戦してみよう

- 最初は、1呼吸を5秒でする。
  2、3秒で吸って、2、3秒ではく

- 次に、1呼吸を10秒でする。
  5秒で吸って、5秒ではく

リラックスわざのポイント・その3

- ゆっくり呼吸をすると、体にパワーがたまって、気持ちが落ち着くぞ
- だんだんゆっくりするのは、練習すれば、やれるようになる
- 時計を見ながらするとよいぞ！

子ども用

目標：本当に力をぬくことを身につけよう
- かたに力を入れたあとに、体の力を全部ぬく
- 力を全部ぬくのがポイント
- かたや体の重さを感じよう

◆だら〜んと力をぬく

① ふつうに座る・立ってもいい
② かたに力を入れる
③ だら〜んと力をぬく
④ 4〜5回ぐらいくり返す
くり返したら、しばらく、そのままでいる

ミッション3 イライラ・ふあん★撃退戦隊 カンジョウレンジャー登場！

● くり返したら、2〜3分間は、何もしないで、ただ呼吸をする
　✕ ぼ〜っとしながら、ゲームやテレビのことを考えるのはダメ
　✕ 体をゆすったり、手先を動かしたり、物をいじったりしない

● 手や顔でも力をぬくことができる。チャレンジしてみよう
- 手をぎゅっとにぎってから、ぱ〜っと広げてみる
- 目を細め、顔をくしゃくしゃにしてから、顔の力をぬく

おはなしマン、かんがえマン、いろいろマンと友だちになろう

レベル 3 ★★★

　ここでは、ことばを使って気持ちを落ち着ける言語的な対応と、うまくいったイメージをもつことで気持ちをコントロールする対応について学びます。

　誰かと話をしたり、交流することで気持ちを落ち着かせる方法を「おはなしマン」というキャラクターであらわします。また、自分に言い聞かせることで気持ちを落ち着かせる方法を「かんがえマン」というキャラクターであらわします。

　また、うまくできた自分を思い出す、上手な人を見つけて参考にすることで、楽しい気持ちになる方法があります。これは「いろいろマン」というキャラクターであらわします。

　「カンジョウレンジャー得意わざカード」が付録の CD に収録されています。カンジョウレンジャーの得意技がまとめてありますので、プリントしてカードや冊子にして持ち歩いたり、家や教室に掲示して、いつでも確かめられるようにしてください。

「おはなしマン」と友だちになろう

　「おはなしマン」の得意技は、安心・信頼できる人とかかわり、交流をもつことで、上手に怒りや不安を小さくしていくことです。

　具体的な技の例として、「自分の好きな話や楽しい話をする」「仲良しの友だちを遊びに誘う」「自分の信頼できる人に相談する」などがあります。

　チャレンジシート 6（54 ページ）の例示を元に、「学校の休み時間にできる」「家や近所で行える」おはなしマンの得意技を考えてみましょう。選択式のプリントも付録の CD にあります。

①まず、話を聞いてくれそうな相手を考える

　・学校の休み時間、家や近所にどんな話し相手がいるかをあげてみる

　・相手に合わせた「ちょっと聞いて」「遊ぼうよ」などの声のかけ方も具体的に考える

②次に、話す内容を考える

　・自分も相手も嫌な気持ちにならないこと。怒鳴って話したり、人の悪口を言うのでは、よい気持ちがしない

　・自分の好きなことや楽しい話を、信頼できる相手とすることが大切

　・携帯やインターネットで、メールする、チャットやブログに書き込む。ボイスレコーダーや携帯の録音機能を使って、録音して聞いてもらうこともできる。利用の仕方を、子どもと事前に話し合っておこう

チャレンジ7　「かんがえマン」と友だちになろう

　「かんがえマン」の得意技は、気持ちが楽になり、元気が出ることばを自分に言い聞かせて、上手に怒りや不安を小さくすることです。

　具体的な技の例として、①落ち着くことば「だいじょうぶ・だいじょうぶ」「おちつけ・おちつけ」、②前向きなことば「なんとかなる」「次もある」「がんばったよ」、③相談することば「先生に聞いてみよう」「友だちに助けてもらおう」などがあります。

　チャレンジシート7（56ページ）の例示を元に、イライラや不安のときに唱えることばを決めましょう。

- 好きな食べ物の名前、コマーシャルの一節、興味関心のある事物の名前など、子どもオリジナルのマジカルワードを唱えてもよい
- はじめのうちは、実際に口に出して唱える練習をしよう。だんだん慣れてきたら、小さな声で唱えたり、口だけ動かしてみる
- 授業中などで、声を出せないときは、紙に書いてみたり、書いた紙を見たりするとよい
- 慌てて早口になると、あがったり、つまったりして逆効果になることもあるので注意しよう
- 「かんがえマン」の得意技はことばを唱えること。「前向きに考える」は、ミッション4に登場する「プラスマン」の得意技とする

チャレンジ8　「いろいろマン」と友だちになろう

　「いろいろマン」の得意技は、うまくいったイメージをもつことで、楽しい気分になり、怒りや不安を小さくしていくことです。

　具体的な技の例として、①うまくいった自分を思い出す、②うれしくなる・わくわくすることを考える、③うまくいっている人になりきって、まねをする、などがあります。

　チャレンジシート8（58ページ）の例示を元に、「思い出す」「楽しくなる」「なりきる」いろいろマンの得意技を考えてみましょう。

- うまくいったときのことを、皆で互いに出し合ってみる
- 「うれしい日記」や「大好きずかん」を見て、楽しいことを思い出す
- 子どもの好きなダジャレやギャグを考えて、発表し合ってもよい
- 「まねて、発表する」「なりきって、プレイする」「なったつもりで、格好よく決める」などがある。現実にできそうなことを自分なりに取り入れてみる
- イライラしたり不安なときに、頭の中で思い出す「うまくいったイメージ」「楽しくなること」を決めておいてもよい
- はじめのうちは、そのイメージを口に出して言ったり、体で動作したりする。慣れたら、小さな声で唱えたり、頭の中だけでイメージする

●チャレンジシート6

「おはなしマン」と友だちになろう

話しかけることが得意な「おはなしマン」！

おはなしマン

●得意わざ
・相手を見つけて、話しかけること
・だれかと話して、気分を楽にして、気持ちをコントロールするぞ！

◆おはなしマンの得意わざはこれだ！

「学校の休み時間にできる」はなしかけわざ
　・友だちと楽しかったことを話す
　・友だちを「昼休みに遊ぼう」とさそう
　・先生に相談をする

おはなしマンの得意わざ：休み時間にできるわざを考えよう。
　　だれに（話す相手）　　　　　　何を（話すこと）

おはなしわざのポイント
・話す相手：話を聞いてくれる相手を見つけよう！
・話すこと：自分も相手も楽しくなる話がいいぞ！
・相手がいそがしいこともある。
　そんな時は時間をおいて、また話しかけよう！

子ども用

「家や近所で行える」はなしかけわざ

- お母さんに「ちょっと聞いて」と言う
- お父さんに今日あったことを話す
- 「ゲームをしよう」ときょうだいをさそう
- おやつを食べながら、おもしろいテレビの話をする
- ペットに話しかける

おはなしマンの得意わざ：家や近所でできるわざを考えよう。

　　だれに（話す相手）　　　　　　何を（話すこと）

ミッション3　イライラ・ふあん★撃退戦隊　カンジョウレンジャー登場！

■話す相手をさがそう！
- 学校なら、クラブ活動の先生、保健の先生、支援の先生、相談の先生、事務員さん・用務員さんもおるぞ
- 家なら、ペットやぬいぐるみに話すこともできる
- 近所で話ができる人を見つけることもよいことじゃ
　たとえば、じゅくの先生、近所の友だちのお母さん・お父さん、お店の人などがおる

★だれと話したらよいかは、家の人や先生に相談してみよう。

■直接に話せないときは、
- メモや手紙を書いておく
- けい帯でメールをする
- ボイスレコーダーやけい帯で録音する

★急に手紙やメールをすると相手がびっくりすることもある。手紙やメールをすることをあらかじめ伝えておこう。

●チャレンジシート7

「かんがえマン」と友だちになろう

自分に言い聞かせることが得意な「かんがえマン」！

●得意わざ
・元気が出ることばを唱えること
・ことばを唱えて、気分を楽にして、気持ちをコントロールするぞ！

◆かんがえマンの得意わざはこれだ！
自分が使えそうな「かんがえわざ」に◎をつけよう。

| 落ち着く | ・「だいじょうぶ・だいじょうぶ」と頭の中で唱える ……（　　） |
| | ・「落ち着け・落ち着け」と自分に言い聞かす …………（　　） |

前向き	・「とにかく楽しむぞ」とつぶやく ………………………（　　）
	・「なんとかなるさ」とつぶやく …………………………（　　）
	・「まあいいか」ときりかえる ……………………………（　　）
	・「次もあるさ」ときりかえる ……………………………（　　）
	・「とてもがんばった！」ときりかえる …………………（　　）

| 相談 | ・「先生に聞いてみよう」と考える ………………………（　　） |
| | ・「友だちに助けてもらおう」と考える …………………（　　） |

かんがえわざのポイント
・自分で落ち着くことば、うれしくなることばを見つけよう
・自分だけに聞こえる小さな声で唱えてみよう
・唱えるときは、ゆっくりとくり返すんじゃ

子ども用

◆自分だけのかんがえわざ

かんがえマンの得意わざ：自分の好きな唱えることばを考えよう。
たとえば、好きな食べ物の名前、コマーシャルのことば、
興味・関心のある物の名前など

ぼくは「おすし」が好きだから
「まぐろ・とろ・うに・いくら」と唱えるんだ。
「おすし」を思い出したら、ハッピーになってきた！

わたしは「えがお」が好きだから
「～えがおが大好き～ラララララ～」と
歌うわ！

■唱えてみよう！
・はじめのうちは、口に出して唱えるとよい
・元気が出るように、自信をもって、ゆっくりつぶやくことじゃ
・慣れたら、小さな声で唱えたり、口だけ動かす

★授業中などで、声を出せないときは、紙に書いたり、
書いた紙を見たりする方法もあるぞ。

ミッション3　イライラ・ふあん★撃退戦隊　カンジョウレンジャー登場！

57

●チャレンジシート8

「いろいろマン」と友だちになろう

楽しい気持ちになることが得意な「いろいろマン」！

いろいろマン

●得意わざ
・うまくいったことを思い出すこと
・なりきってやる気をアップして、気持ちをコントロールするぞ！

◆いろいろマンの得意わざはこれだ！

いろいろマン・その1：思い出しわざ

・うまくやった自分を思い出して、チャレンジする
・ハッピーなことを思い出して、気持ちをもり上げる
・できたときを思い出して、勉強する

いろいろマンの得意わざ：うまくいった自分を思い出そう。

思い出しわざのポイント

・うまくできたとき、うれしい気分になったときを思い出そう
・失敗したこと、いやな気分のことは忘れよう

いろいろマン・その２：楽しくなるわざ
・「うれしい日記」を読んで、うれしかったことを思い出す
・自分の「大好きずかん」を見て、わくわくする
・ギャグやダジャレを言って、楽しい気分になる

いろいろマンの得意わざ：楽しくなることを考えよう。

楽しくなるわざのポイント
自分だけのギャグやダジャレは楽しいね。
ただし、ふざけすぎないことが大切。

（ふきだし：ふとんがふっとんだ！）

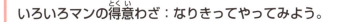

いろいろマン・その３：なりきりわざ
・話がうまい友だちをまねて、発表する
・クラブ活動の上級生になりきって、サッカーをする
・あこがれのスターになったつもりで、かっこよく決める

いろいろマンの得意わざ：なりきってやってみよう。

なりきりわざのポイント
・身近な人をお手本にする
　うまくできる、格好いい、あこがれの人を探してみよう
・できることにしよう
　✗「ライダーキックでシュートして、ゴールネットを破る」
　◎「上級生のようにドリブルして、キーパーの横にシュート」

カンジョウレンジャーのクイズにちょう戦！

子ども用

第1問　うんどうマンとリラックスマンの得意わざで、あっているものに○をつけよ。

❶ 教室の黒板をたたく …………………………（　　）
❷ 友だちとキャッチボールをする ………………（　　）
❸ 休み時間にサッカーをする ……………………（　　）

うんどうマン

❶ 授業中にねる …………………………………（　　）
❷ 学校でゆっくり呼吸をする ……………………（　　）
❸ 家でストレッチをする …………………………（　　）

リラックスマン

第2問　おはなしマン、かんがえマン、いろいろマンの得意わざで、あっているものに○をつけよ。

❶ お母さんに「ちょっと聞いて」と言う…………（　　）
❷ 友だちの悪口を言ってすっきりする …………（　　）
❸ 友だちに「いっしょに遊ぼう」と言う…………（　　）

おはなしマン

❶ ノートのすみに「だいじょうぶ」と書く………（　　）
❷ 自分の好きなことばを唱える …………………（　　）
❸ 早口で「おちつけ、おちつけ」と言う…………（　　）

かんがえマン

❶ やさしい友だちになりきる ……………………（　　）
❷ 人をバカにして笑う …………………………（　　）
❸ 大好きずかんを見る …………………………（　　）

いろいろマン

➡答えは92ページを見てね

ミッション 4

ポジティブ変身
プラスマン登場！

- 自分の考えを前向き・ポジティブにするコツを学ぼう
- 「プラスの考え」を知って、「プラスの考え」になる方法を学ぼう
- 自分の気持ちを整え、考えを前向きにすることを続けよう

カンジョウマスター

レベル1 ★☆☆		プラスマンと友だちになろう
レベル2 ★★☆		プラスマンでポジティブに変身
レベル3 ★★★		チャレンジ週間にアタック

プラスマンと友だちになろう

レベル1 ★☆☆

　怒りや不安のマイナスの考えをプラスに変える方法を、6番目のヒーロー「プラスマン」というキャラクターであらわします。

　怒りの感情が強くなると、「怒りのマイナスの考え（どくおとこ）」があらわれます。「絶対に許さない」「悪いのはあいつだ」「やっつけてやる」などの怒りの考えから、トラブルが止まらなくなってしまいます。同じように、不安の感情が大きくなると、「不安のマイナスの考え（ふあん大王）」があらわれます。「何してもだめだ」「みんなに嫌われてる」「どうせ失敗ばかりさ」などの不安の考えから、何もできなくなってしまいます。

　マイナスの考え方が強く大きくなってきたときに登場するのが「プラスマン」です。

 「プラスマン」と友だちになろう

　「プラスマン」の得意技を身につけるには、「プラスの考え」を知ることから始めます。「プラスの考え」とは、前向きなこと、少しでもうまくいくこと、やる気がでること、気持ちが楽になることです。加えて、これまでにまだ試していないこと、周りの人も好意的、肯定的にみてくれることです。

　チャレンジシート9（64ページ） で、「プラスの考え」の例示をまず十分に知ることが大切です。子どもの身近な場面に置き換えるなどの工夫をして考えやすくしましょう。

 「プラスの考え」を知ろう：〇×クイズに挑戦

　自分や周囲のできごとに対して、どのように考えることが、「プラスの考え」につながるかを学びます。

　チャレンジシート10（65ページ） の一つひとつの文を読んで、前向きになれそう、やる気が出そう、気持ちが楽になりそうだと思えることを選び、理由を考えてみましょう。

- 「友だちの考えを聞いてみよう」にある回答例をヒントに、自分のことばで考える
- グループで行っているなら、〇か×かをクイズ形式で発表し合ってみる
- 指導者以外の大人が回答者としていっしょに参加してもよい。子どもの立場・目線で、回答するように心がける
- 子どもの回答が、回答例や他の子の発表と異なっても、否定するのではなく、理由を聞いて、プラスの考えに通じるところがないかを一緒に考える

チャレンジ11 プラスの考えを見分けよう：仕分けクイズに挑戦

　怒りや不安の場面では、次々といろいろな思いや考えが起こります。不安な状態を「プラスの考え」にするにはどう考えればよいか練習します。

　「プラスの考え」の考え方は、怒りや不安のマイナスの考えに気づいたら、それをストップして、怒りや不安になった自分とは異なった立場から、見方を変えて考え直してみることです。

　チャレンジシート11（66ページ）の一つひとつの文章を読んで、「プラスの考え」か「マイナスの考え」のいずれに該当するかを選択し、「友だちの考えを聞いてみよう」の回答例をヒントにその理由を考えましょう。不安の「マイナスの考え」に気づいたら、不安が大きくなる前に、その考えを捨てるようにしてもらいます。一見、「プラスの考え」と思ったことが、形を変えた「マイナスの考え」であることがあります。こうした「プラスもどきのマイナスな考え」にならないよう見きわめることが大切です。

- グループで行っているなら、プラスマン・ふあん大王の考えのどちらに仕分けるかを発表し合う
- 「マイナスの考え」に気づいたら、その考えを「すてつぼ」に入れてしまうと教える。捨てた後に、見方を変えて、プラスになるように考え直すようにさせましょう
- マイナスの考えから、なかなか離れることができない子もいる。「すてつぼ」カード（付録CDに収録）を示して実際に捨てる動作をしたり、「ふあん大王をすてるぞ、エ～イ」とことばにしたりして、気持ちを切りかえることに、徐々に慣れるようにする
- 子どもが選ぶのに困ったときは、無理強いをしないで、「パス」を選択して後回しにしてよい

■こんな「プラスもどきのマイナスな考え」に注意しよう！

●否定的な考えを逆転させただけ

「私は○○ができない」を「私は○○ができる」と逆転させても「できるようにがんばらないといけない」と自分を追い込むだけ

●程度を変えただけ、極端にしただけ

「もっとやる気を出す」「100倍がんばる」「絶対に失敗しない」「一番でないとダメ」

●相手のせい、周りの人のせいにしただけ

「私はちゃんとした。全部あいつのせいだ」「あいつがいっしょだから、うまくいかないのよ」「ルールなのに、まわりのみんなが守らなかった」

●相手の挑発にのっただけ

「あいつが先にしたんだ。仕返しして当たり前さ」「おれを見て、笑ったんだ」「バカにしたな。許さない」

●現実離れした空想やDSなどのゲームの世界での話

「おれのパワーを見せつけてやる」「バズーカ砲！ど～ん！」「デリート（消去）してやる」

●チャレンジシート9

チャレンジ9 「プラスマン」と友だちになろう

「プラスの考え」に変えることが得意な「プラスマン」!

プラスマン

●得意わざ
・「マイナスの考え」を プラスに変えること
・「プラスの考え方」をすることで 気持ちをコントロールするぞ!

◆プラスマンの得意わざはこれだ!

・友だちに「ヘンな髪型〜」と言われたとき

「こいつムカつく! なぐってやる」というマイナスの考えを……

➡「自分が似合うと思うからいいじゃん!」

・失敗してしまったとき

「ぼくは何をやっても、だめに決まってる」というマイナスの考えを……

➡「次にがんばればだいじょうぶだ!」

・スポーツの試合のとき

「どうせ負けちゃうよ」というマイナスの考えを……

➡「楽しむことも大切だ!」

プラスわざのポイント・その1

■プラスの考えに変えるために大切なことは……
・前向きなこと　　・少しでもうまくいくこと
・やる気がでること　・気持ちが楽になること

!　考え方はいろいろあるぞ。大人や他の子の話も聞いてみよう。
わからないところは、とばして次にすすんでいいぞ。

●チャレンジシート10　　　　　　　　　　　　　　　　　　　子ども用

チャレンジ10　プラスの考えを知ろう：〇×クイズにちょう戦

「プラスの考え」には〇を、「マイナスの考え」には×をつけよう！

①友だちがぼくのことをきらっている ……………………………（　　）

②次はもっとうまくできるだろう ……………………………………（　　）

③ぼくは勉強がだめだ ………………………………………………（　　）

④はじめてだけど、楽しめるかもしれない ………………………（　　）

⑤友だちに助けてもらおう …………………………………………（　　）

◆友だちの考えを聞いてみよう。たとえば……

①友だちがぼくのことをきらっている……………………（　×　）
・友だちもきげんの悪いときがあるのさ。またさそってみればいいんだ

②次はもっとうまくできるだろう ……………………………（　〇　）
・見方を変えて、前向きに考えるのはいいね。うまくいくように、工夫してみればいいね

③ぼくは勉強がだめだ ………………………………………（　×　）
・できないことはだれにもあるさ。やれることを毎日、続けるのが勉強のコツかな

④はじめてだけど、楽しめるかもしれない ………………（　〇　）
・はじめてのことにチャレンジするのはすごいね！不安なこともあるけど、今までにない、いいことが起こるかも

⑤友だちに助けてもらおう …………………………………（　〇　）
・友だちといっしょだと、安心できるね。助けてくれそうな友だちを探そう！

ミッション4　ポジティブ変身　プラスマン登場！

●チャレンジシート11

チャレンジ11 プラスの考えを見分けよう：仕分けクイズにちょう戦

「プラスの考え」か、「マイナスの考え」か、どちらか選んでみよう！

学校で友だちとドッジボールをしていたぼく。
相手チームからねらわれている。
にげきる自信がなくて、不安になってきた。

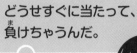

どうせすぐに当たって、負けちゃうんだ。

プラスマンの
プラスな考え

ふあん大王の
マイナスな考え

	①ぼくは、落ち着いてがんばるぞ！	
	②ドッジボールの試合に勝つことも大切だけど、楽しむことも大事だ	
	③うまくプレーするなんてぜったいに無理だ！	
	④失敗したら、あいつらはぼくのことをバカにして笑うだろう	
	⑤必ず勝つんだ。絶対に負けない	
	⑥何をやってもうまくいかない。どうしたらいいの	
	⑦取り返せばいいんだから、なんとかなるよ！	
	⑧同じチームのみんながきっとがんばってくれる！	

プラスわざのポイント・その2

「マイナスの考え」をすてて、見方を変えて、プラスわざを考えよう。

マイナスの
考えのすてつぼ

子ども用

◆友だちの考えを聞いてみよう。
　たとえば……

①ぼくは、落ち着いてがんばるぞ！　………………………… `プラスマン`
・リラックスマン、かんがえマンの力も借りて「落ち着いて」すれば、簡単に当たったりしないわ

②試合に勝つことも大切だけど、楽しむことも大事だ　………… `プラスマン`
・声をかけあって、みんなで楽しくすると、動きもよくなるね

③うまくプレーするなんてぜったいに無理だ！　……………… `ふあん大王`
・自分なりにプレーすればいいんだ。自分の力を出してやればいい

④失敗したら、あいつらはぼくのことをバカにして笑うだろう　… `ふあん大王`
・ふざけてちょっかいをかけているだけだね。気にしないことだよ。イライラしても意味ないし

⑤必ず勝つんだ。絶対に負けない　…………………………… `ふあん大王`
・「必ず」「絶対」と決めると大変だ。負けるときもある。「おしい」「残念」と思って、またチャレンジしよう

⑥何をやってもうまくいかない。どうしたらいいの　………… `ふあん大王`
・カンジョウレンジャーの得意わざで、まず落ち着こう。できそうなこと、チームのためになることは何かな

⑦取り返せばいいんだから、なんとかなるよ！　……………… `プラスマン`
・「どうせすぐに当たって」ではなく、「取り返せば」と考えるのは見方を変えるいい方法だね

⑧同じチームのみんながきっとがんばってくれる！　………… `プラスマン`
・自分ひとりじゃない、チームのみんながいる。協力し合うとチャンスが広がるよ

ミッション４　ポジティブ変身　プラスマン登場！

❗ ふあん大王のマイナスの考えは「すてつぼ」に入れてしまうのじゃ！すてるわざをマスターするのだぞ！

プラスマンでポジティブに変身

レベル2 ★★☆

　レベル1に引き続き、「プラスの考え」の考え方を学びましょう。マイナスの考えを捨てて、見方を変えて「プラスの考え」にする練習をします。
　「プラスマン得意わざカード」が付録のCDに収録されています。プラスマンの特徴と得意わざがまとめてあります。付録の**「カンジョウレンジャー得意わざカード」**といっしょにプリントしてカードや冊子にして持ち歩いたり、家や教室に掲示するとよいでしょう。

プラスの考え方を学ぼう：みんなでクイズに挑戦

　困った場面で同時に浮かぶいくつかの考えから、「プラスの考え」を選んで、選んだ理由を考えます。**チャレンジシート12・13**（70、72ページ）を使って、自分が選んだ考え方をすると、どのような気持ちになるかも書きましょう。「プラスの考え」は一つとは限りません。

- 指導者以外の大人が回答者としていっしょに参加しながら、子どもの立場・目線からプラスの考え方を示してもよい
- 子どもが書いた理由をなるべく尊重する。ことばが足りない部分は大人が補ってもよい
- 生活の中の身近なことと結びつけて話し合う
- レベル1のチャレンジ11の説明に示した「プラスもどきのマイナスな考え」に気をつけて見きわめる
- 子どもが理由が思い浮かばないと言うときは、無理に書かせなくてもよい

　グループで行っているなら、それぞれが書いた回答と理由を見せ合うように進めます。

- 司会・進行役、発言のルールや順番を決めて、順に発表して意見を言うようにする
- 各自が小型のホワイトボードなどに回答と理由を書いて、いっせいに見せ合うと、互いの発表がわかりやすくなる
- ある子の発表に対し、次の順番の子が感想やコメントなどの意見を言い、それから他の子たちの意見を聞くようにするなど、皆が意見を言える工夫をする
- 意見を言うときは、発表に対して、同じ・賛成の意見、付け足しの意見、異なった意見のいずれであるかを表明させてから、話すようにさせる
- 同じ回答でもいろいろな理由があることを、子ども同士の発表を通じて気づかせる

- 一人でクイズをするなら、「友だちの考えを聞いてみよう」の回答例を参考に考えます。
- 「プラスの考え」がいくつも起こるときがあるが、それはよいことだと説明する。第3問、第4問で、複数の回答を選択するクイズをする
- 「どくおとこ」の怒りや「ふあん大王」の不安のマイナスな考えになっていないか注意する。そうした考えはチャレンジ11で説明したように、「すてつぼ」に捨てて、「プラスマン」を思い出すように促す

チャレンジ14・15　見方を変えて「プラスの考え」を考えよう

困った場面で起こった「マイナスの考え」をプラスに変えて、変えた理由を考えます。**チャレンジシート14・15（74、75ページ）**を使って、自分なりに「プラスの考え」を考えて、その理由も書きましょう。「プラスの考え」もいろいろと考えられることに気づきましょう。

- まず、各自でプラスに変えた回答を考えて書く
- グループで行っているならチャレンジ12・13のときのように、意見を交換し合う
- どのように考えを変えたらよいか、気持ちを楽にできるのか、具体的に考える
- チャレンジ9〜13で学んだことを参考に取り組む

■こんな「プラスの考え」ができるよ！

- 「約束は守るべきだ」「○○するのが規則だ」「私はちゃんとしたのに」
  → 「決めた通りにできないこともあるさ」「思い通りにならないこともあるさ」

- 「もうダメ、どうしようもない」「絶対にできない」
  → 「もう一回チャレンジすればいい」「次はもっとうまくいくよ」

- 「つら〜い」「すっごくイライラする」
  → 「苦あれば楽あり」「楽しんでやればいいんだ」

- 「ばかにされた」「来ないでと言われた」
  → 「気にしなければ、大丈夫」「友だちにも、他に約束があるんだな」

- 「みんなが変な目で見る」
  → 「ぼくはこれでいいんだ」「たまたま、見ていただけさ」

- 「どうしたらいいか分からない」
  → 「落ち着いて考えれば、解決の方法が見つかるものさ」「友だちに助けてもらおう」

- 「○○さんはいつも勝手だから大嫌い」
  → 「友だちにも、そのときの気分や考えがあるのさ」

●チャレンジシート12

プラスの考え方を学ぼう：みんなでクイズにちょう戦

「プラスの考え」だと思うほうに〇をつけよう！　選んだ理由も書いてみよう。

第1問　どうしよう。また、忘れ物をしてしまった……。

①うまくごまかせばだいじょうぶ
②素直に謝って言おう

理由を書いてみよう。

他の人の意見を書いてみよう。

第2問　今日は、苦手な国語のテストがある……。

①勉強したからできるはず
②まちがえちゃったらどうしよう

理由を書いてみよう。

他の人の意見を書いてみよう。

◆友だちの考えを聞いてみよう。たとえば……

第1問 どうしよう。また、忘れ物をしてしまった……。

①うまくごまかせばだいじょうぶ
②素直に謝って言おう

失敗したときは、
正直に謝ることが大切だと思うから。

①うまくごまかせばだいじょうぶ
②素直に謝って言おう

謝れば、どうすればよいか教えてもらえるから。

第2問 今日は、苦手な国語のテストがある……。

①勉強したからできるはず
②まちがえちゃったらどうしよう

自分の力を信じると、自信がもてるから。

①勉強したからできるはず
②まちがえちゃったらどうしよう

テストまでに勉強したことは、覚えたからだいじょうぶ。

ミッション4　ポジティブ変身　プラスマン登場！

●チャレンジシート13

プラスの考え方を学ぼう：みんなでクイズにちょう戦②

「プラスの考え」だと思うほうに〇をつけよう！　選んだ理由も書いてみよう。

第3問　授業で発表をしなければいけないとき……。

①失敗してもきっとだいじょうぶ　②笑われたらどうしよう
③楽しんで発表しよう　　　　　　④わたしならうまくできるはず
⑤失敗しちゃうんだろうな

理由を書いてみよう。

他の人の意見を書いてみよう。

第4問　体育でドッジボールをしていて、自分のチームが負けたとき……。

①どうせぼくは弱いんだ　　　　　②楽しむことが大切だ
③ぼくが負けるなんてありえない　④負けたけど全力でがんばったぞ
⑤次は勝てるように練習しよう

理由を書いてみよう。

他の人の意見を書いてみよう。

72

子ども用

◆友だちの考えを聞いてみよう。たとえば……

第3問 授業で発表をしなければいけないとき……。

①失敗してもきっとだいじょうぶ　　②笑われたらどうしよう
③楽しんで発表しよう　　④わたしならうまくできるはず
⑤失敗しちゃうんだろうな

いろいろ考えたら、がんばれそうな気がする。

①失敗してもきっとだいじょうぶ　　②笑われたらどうしよう
③楽しんで発表しよう　　④わたしならうまくできるはず
⑤失敗しちゃうんだろうな

自信をもって授業で発表することが大事だと思うから。

第4問 体育でドッジボールをしていて、自分のチームが負けたとき……。

①どうせぼくは弱いんだ　　②楽しむことが大切だ
③ぼくが負けるなんてありえない　　④負けたけど全力でがんばったぞ
⑤次は勝てるように練習しよう

負けても楽しめたら、次にいかせると思うから。

①どうせぼくは弱いんだ　　②楽しむことが大切だ
③ぼくが負けるなんてありえない　　④負けたけど全力でがんばったぞ
⑤次は勝てるように練習しよう

次の練習から、もっと作戦を立ててがんばればいいから。

ミッション4　ポジティブ変身　プラスマン登場！

●チャレンジシート14

見方を変えて「プラスの考え」を考えよう

「プラスマン」の得意わざを自分なりに考えよう！

第1問 授業中に、先生にさされて発表したの。
いつもうるさいあの友だちが「え〜。ちがくない」と言っている。答えをまちがえたのかな？
バカにしたみたいに言うことないでしょ。イライラしてきた。

うるさいわね。
あいつのせいで、
授業がいやになるわ。

プラスマンの力を借りて、
「マイナスの考え」を
「プラスの考え」に変えてみよう！

理由を書いてみよう。

●チャレンジシート 15　　　　　　　　　　　　　　　　　　子ども用

見方を変えて「プラスの考え」を考えよう②

「プラスマン」の得意わざを自分なりに考えよう！

第2問　学校でサッカーをして、ゴールキーパーになったんだ。
相手チームが強くて、たくさんシュートされて、負けてしまった。
キーパーをうまくできなかったな。
仲間に声をかけたのに無視された。どうしよう……。

友だちにきらわれたな。
サッカー、もうしない。
ぼくってだめだ～。

プラスマンの力を借りて、
「マイナスの考え」を
「プラスの考え」に変えてみよう！

理由を書いてみよう。

自分なりの「プラスの考え」が見つけられたかな。
いろいろな考えがあるじゃろ。
これまでのチャレンジを見直して考えてみよう。

ミッション4　ポジティブ変身　プラスマン登場！

チャレンジ週間にアタック

レベル3 ★★★

　感情のコントロール方法（カンジョウレンジャーとプラスマン）について学んだら、生活の中で自分なりに使ってみて、効果を実感することが大切です。

　困った場面、不快な状況でなくてもよいので、学校や家庭、近所でできるときに、感情のコントロール方法を試しましょう。

　学んだコントロール方法を日頃から使う習慣をつけておくことが大切です。

■「カンジョウレンジャー チャレンジカード」とは

　「チャレンジカード」は、カンジョウレンジャー、プラスマンを試したことを記録するカードです。試したことを記録に溜めて、使えることを実感しましょう。**次のページの「カンジョウレンジャー チャレンジカード」**をコピーして活用してください。

- ふだんの生活のどのような場面でもかまわない。感情のコントロール方法を試すことができたら記録する
- 日にち、どのカンジョウレンジャー・プラスマンをどのように使ったのか書く
- 使ったカンジョウレンジャーの印を書く
- 記録欄の右側にある気持ちメーター「どんな大きさ？」に、そのとき気分がどのように変化したのか、丸をつけて示す

チャレンジ週間に挑戦！

　感情のコントロール方法（カンジョウレンジャーとプラスマン）を学んだあとに、コントロール方法を生活の中で試す「チャレンジ週間」を計画して実施するとよいでしょう。

- まず1週間、カードに記録する。1日に2つ以上記録してもよい。カードがいっぱいになったら、その都度、新しいカードを増やして記録を続ける
- 記録欄の下に、「おうちの人から」「先生から」のコメント欄があるので、感情のコントロール方法を使ったことを認めてほめる励ましのことばを書きこむ
- チャレンジカードを連絡帳や生活で使うノートに貼ったり、専用のファイルを用意したり、「うれしい日記」や「大好きずかん」と一緒に綴じたりして使う
- 最初に学んでから1～2か月ぐらい経った後に、学んだことを覚えているか確かめて、定着を図るために、「チャレンジ週間」を行うのもよい

カンジョウレンジャー　チャレンジカード

「マイナスモンスターズ」があらわれたとき、どの「カンジョウレンジャー」と「プラスマン」で小さくしたのかを書いてみよう！

リラックスマン　　おはなしマン　かんがえマン　うんどうマン　いろいろマン　　プラスマン

日にち	どのカンジョウレンジャーを使った？	しるし	どんな大きさ？
例：6月26日	友だちにむしされて、イラっとしたけど、かんがえマンの「おちつけ、おちつけ」をつかって小さくした。	か	0 1 2 3 4 5
			0 1 2 3 4 5
			0 1 2 3 4 5
			0 1 2 3 4 5
			0 1 2 3 4 5
			0 1 2 3 4 5

●カンジョウレンジャーを使ってみて、思ったことを書こう

おうちの人から

先生から

ミッション4　ポジティブ変身　プラスマン登場！

プラスマンのクイズにちょう戦！

子ども用

第1問　プラスマンの得意わざで、考えているものに○をつけよ。

1. クラスメートがわたしのテストを見て、
   「そんなこともわからないの」と言ってきた……
   ❶「だれでも苦手なことはある」と考える ……………（　　）
   ❷「あとで仕返してやる」と考える …………………（　　）
   ❸「がんばったからいいんだ」と考える ……………（　　）

2. なわとびをしていたら、
   知らない子がこっちを見て笑っている……
   ❶「たまたま、見ていただけさ」と考える …………（　　）
   ❷「気にすることないさ」と考える …………………（　　）
   ❸「何見てんのよ、頭にくる」と考える ……………（　　）

3. 友だちに話しかけたのに、返事がなかった……
   ❶「わたしがきらいなんだ」と考える ………………（　　）
   ❷「また話しかければいいさ」と考える ……………（　　）
   ❸「わざと、無視したにちがいない」と考える ……（　　）

第2問

がんばってした宿題を出したのに、先生に「もっと早く出さないとね」と、つめたく言われた。「もっとがんばらないといけない」「もっとやる気を出す」「今度は一番にするぞ」とだんだん不安になってきた。プラスマンの得意わざで考え直そう。

➡答えは92ページを見てね

ミッション 5

マイナスモンスターズとバトルだ

イライラや不安が起こったときに、うまく応じる方法を、
シナリオとカードゲームで練習しよう

カンジョウマスター

| レベル1 ★☆☆ | カンジョウ・シナリオを使って演じてみよう |
| レベル2 ★★☆ | マイキブン・カードゲームでモンスターズと対戦しよう |

レベル 1 ★☆☆

カンジョウ・シナリオを使って演じてみよう

　これまで学んできた感情のコントロール方法（カンジョウレンジャーとプラスマン）を使って、怒りや不安などの不快な感情（マイナスモンスターズ）とうまくつきあう練習をします。まず、シナリオを使って劇で演じることから始めましょう。

カンジョウ・シナリオを使って演じてみよう

　シナリオを書き、演じてみることで、怒りや不安が落ち着くことを体験します。
　右ページの記入例を使って子どもに進め方を説明してから、**シナリオ1・2**（82、83ページ）に取り組みます。**シナリオの続き**（シナリオ3～5）は付録のCDに収録されています。**シナリオ5**では、子どもに起こるイライラや不安に合わせて場面を設定して、シナリオを作ることができます。カンジョウ・シナリオを使ったグループでのワークの説明は付録のCDにあります。

シナリオの書き方・進め方

①「場面」：怒りや不安を引き起こす状況をよく読む
②「はじまり」：イライラが増えたり、不安が大きくなってきたときの気持ちメーターをつける
③「ヤマ場」：イライラや不安を小さくするためのカンジョウレンジャーを選び、その得意技を自分なりに考えて書き込む
④得意技を書いたら、実際にその技を演じて試してみる
⑤「まとめ」：得意技を試したあと、イライラや不安の大きさを、もう一度、気持ちメーターに記入する

演じるときのポイント

　最初は、大人が見本としてシナリオに書き込み、技を選び演じるところを見せて大人の手順や演技をまねて演じるように促します。子どもができるように、見本を示すことが大事です。
　子どもが演じることができたら、その場で認めてほめましょう。感情や気持ちの変化を口に出して言うように促します。ふざけたり、いい加減にならないように気をつけましょう。
　演じたあと、気持ちにあまり変化がない場合は、他の得意技に変更してみたり、他の得意技を付け加えてみるとよいでしょう。「サッカーをする」「お風呂に入る」といったその場でできない得意技は、ふりだけしてもらいます。

カンジョウ・シナリオを使って演じてみよう

シナリオを使って、劇をしてみましょう。
カンジョウレンジャーの得意わざを試して、イライラや不安が少なくなったことに気づきましょう。

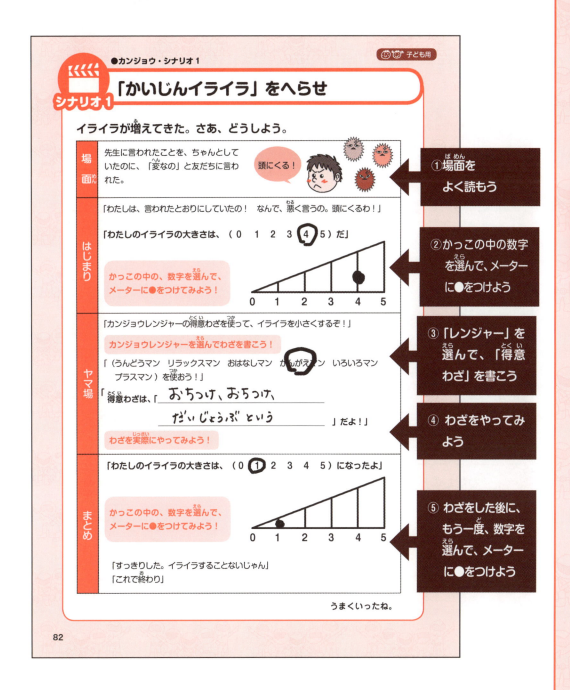

●カンジョウ・シナリオ1 子ども用

シナリオ1 「かいじんイライラ」をへらせ

イライラが増えてきた。さあ、どうしよう。

場面	先生に言われたことを、ちゃんとしていたのに、「変なの」と友だちに言われた。 
はじまり	「わたしは、言われたとおりにしていたの！ なんで、悪く言うの。頭にくるわ！」 「わたしのイライラの大きさは、（ 0 1 2 3 4 5 ）だ」 かっこの中の、数字を選んで、メーターに●をつけてみよう！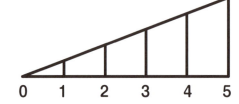
ヤマ場	「カンジョウレンジャーの得意わざを使って、イライラを小さくするぞ！」 カンジョウレンジャーを選んでわざを書こう！ 「（ うんどうマン リラックスマン おはなしマン かんがえマン いろいろマン プラスマン ）を使おう！」 「 得意わざは、「＿＿＿＿＿＿＿＿＿＿＿＿＿＿＿＿＿＿＿＿＿＿＿＿＿＿＿＿＿＿＿＿＿＿＿＿＿ 」だよ！」 わざを実際にやってみよう！
まとめ	「わたしのイライラの大きさは、（ 0 1 2 3 4 5 ）になったよ」 かっこの中の、数字を選んで、メーターに●をつけてみよう！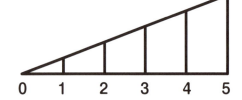 「すっきりした。イライラすることないじゃん」 「これで終わり」

うまくいったね。

●カンジョウ・シナリオ2

子ども用

シナリオ2 「どくおとこ」をやっつけろ

イライラの考えで、頭がいっぱいになってきた。どうしよう。

場面	友だちと遊んでいたら、急に笑いながら、たたいてきたんだ。「やめてよ」と言っても、笑っている。 
はじまり	「やめてと言っているのに！ わざとしてるんだ！ あんなやつきらい！ いなくなればいいんだ！」 **「わたしのイライラの大きさは、（ 0 1 2 3 4 5 ）だ」** かっこの中の、数字を選んで、メーターに●をつけてみよう！ 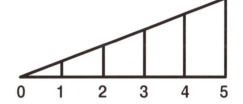
ヤマ場	「カンジョウレンジャーの得意わざを使って、イライラを小さくするぞ！」 カンジョウレンジャーを選んでわざを書こう！ 「（ うんどうマン リラックスマン おはなしマン かんがえマン いろいろマン　プラスマン ）を使おう！」 **得意わざは、「＿＿＿＿＿＿＿＿＿＿＿＿＿＿＿＿＿＿** **　　　　　　　＿＿＿＿＿＿＿＿＿＿＿＿＿＿＿＿＿＿ 」だよ！」** わざを実際にやってみよう！
まとめ	「わたしのイライラの大きさは、（ 0 1 2 3 4 5 ）になったよ」 かっこの中の、数字を選んで、メーターに●をつけてみよう！ 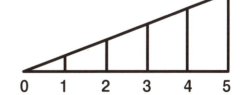 「すっきりした。イライラすることないじゃん」 「これで終わり」

うまくいったね。

ミッション5　マイナスモンスターズとバトルだ

83

マイキブン・カードゲームで モンスターズと対戦しよう

レベル2 ★★☆

　巻末付録の「カンジョウレンジャーカード」を使って、マイキブン・カードゲームにチャレンジしましょう。感情のコントロール方法をカードゲームで繰り返し練習します。

「カンジョウレンジャーカード」とは？

　カンジョウレンジャーカードには、5人のカンジョウレンジャーと6番目のヒーロー・プラスマンの得意技がイラストと簡単な文章で示してあります。
　場面や状況に合った、子どもが行えそうなカンジョウレンジャーカードを探してみましょう。「学校でイライラが大きくなったら、この技を使ってみたら」のように実際の場面を想定しながら、コントロール方法を考える手がかりとします。

「マイキブン・カードゲーム」とは？

　1人でできる対戦型カードバトルゲームです。
　怒りや不安といった不快な感情の場面「マイナスモンスターズ」と、感情のコントロール方法「カンジョウレンジャー」に分かれて対戦します。たくさんあるカンジョウレンジャーのカードから得意技を探し、技を組み合わせてマイナスモンスターズをやっつけましょう。
　カードの使い方や組み合わせはさまざまです。自分なりに工夫していくことで、感情のコントロール方法を繰り返し練習できます。自分でカードを作ってもおもしろいでしょう。

ゲームのねらい

・怒りや不安などの不快な感情場面で、感情のコントロール方法が使えるようになる
・不快な場面に応じて、コントロール方法を使い分けたり、組み合わせられるようになる
・気持ちメーターを操作して、不快な場面での感情をあらわし、感情のコントロール方法を使ったあとの感情の変化をあらわせるようになる

カードゲームの準備

　ゲームに必要なものは、**プレイマット**、**カンジョウレンジャーカード**、**マイナスモンスターズカード**（以上は巻末付録）、**ゲーム手順表**、**バトルコール・判定コールカード**、**気持ちメーター・モンスターゲットのコマ**、**ルールブック**（以上は付録CDに収録）です。次の説明を子どもと読みながら進めましょう。ゲームの詳しい説明が付録のCDにあります。

子ども用

「カンジョウレンジャーカード」とは？

「カンジョウレンジャーカード」は、カンジョウレンジャーの得意わざが書かれたカードだ！

◆付録のカンジョウレンジャーカードを切りはなして使おう。

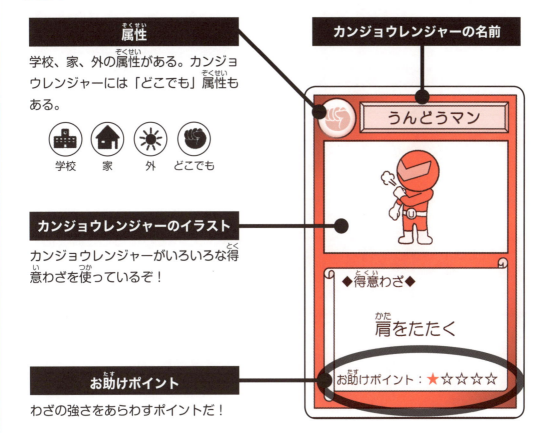

属性
学校、家、外の属性がある。カンジョウレンジャーには「どこでも」属性もある。

学校　家　外　どこでも

カンジョウレンジャーの名前

カンジョウレンジャーのイラスト
カンジョウレンジャーがいろいろな得意わざを使っているぞ！

お助けポイント
わざの強さをあらわすポイントだ！

☆こうやって使おう！

・ステップ1：自分ができそうなカンジョウレンジャーの得意わざカードをさがそう
・ステップ2：お守りとして持ち歩く。他の子と見せ合うこともできるよ
・ステップ3：カンジョウレンジャーカードで、マイナスモンスターズと対戦しよう

マイナスモンスターカードも切りはなして使おう。
モンスターポイントはマイナスの感情の大きさだ

マイキブン・カードゲームの説明を読むんじゃぞ

ミッション5　マイナスモンスターズとバトルだ

85

これが「マイキブン・カードゲーム」だよ！

マイキブン・カードゲームで、マイナスモンスターズと対戦するぞ！
カンジョウレンジャーの得意わざを使いこなそう。

◆マイキブン・カードゲームのプレイマット

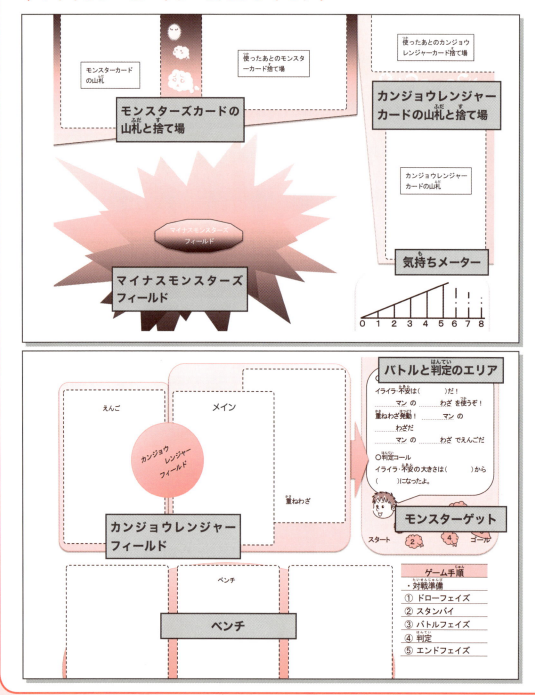

子ども用

●ゲームの進め方

次ページからの**「マイキブン・カードゲームの大事なところ」**といっしょに読もう。付録CDの**「ルールブック」「手順表」**も見てね。

対戦準備

①カンジョウレンジャーカードとモンスターズカードを山札にそれぞれおく
②気持ちメーターのコマは「0」に、モンスターゲットのコマは「スタート」におく

1．ドローフェイズ　➡ 説明は次ページ　＜1＞

①モンスターズカードの山札から1枚取り、マイナスモンスターズフィールドに出す
②フィールドのモンスターカードの「モンスターポイント」の分だけ、気持ちメーターのコマを進める
③カンジョウレンジャーカードの山札から、手札が5枚になるようにカードを引く

2．スタンバイ　➡ 説明は次ページ　＜2＞

①手札から対戦するカンジョウレンジャーカードを選んで、カンジョウレンジャーフィールドの「メイン」に出す
②手札から**「重ねわざ」**(90ページ)**「えんご」**(91ページ) に使いたいカードを2枚まで選び、「ベンチ」にスタンバイさせる　※**属性**と**お助けポイント**(90ページ) に注意！

3．バトルフェイズ　➡ 説明は次ページ　＜3＞

①「メイン」カードに加えて、「ベンチ」から「重ねわざ」と「えんご」にカードを出す
　※**カードの相性**(91ページ) に注意！
②**「バトルコール」**をする

4．判定　➡ 説明は次ページ　＜4＞

①カンジョウレンジャーカードの「メイン」「重ねわざ」「えんご」のお助けポイントの合計を計算する
②カンジョウレンジャーの「お助けポイント」の分だけ、気持ちメーターのコマをもどす
③気持ちメーターを「0」にできれば、カンジョウレンジャーの勝ち！　モンスターゲットのコマを1つ進める
④勝敗の**「判定コール」**をする

5．エンドフェイズ　➡ 説明は次ページ　＜5＞＜6＞

①勝ったとき：「えんご」のカードをベンチにもどして、また使うことができる。あとのカンジョウレンジャーとモンスターのカードは「捨て場」へ動かす
　負けたとき：モンスターカードと気持ちメーターの残りの点はそのまま。カンジョウレンジャーのカードを「捨て場」へ動かす
②ドローフェイズにもどり、次のこうげきに進む
③モンスターを6体ゲットしたら**「勝利宣言」**する

マイキブン・カードゲームの大事なところ [1]

<1> ドローフェイズ　　<2> スタンバイ

① 対戦するモンスターを山札から引いて、モンスターズフィールドに出すよ
② モンスターの「モンスターポイント」の分だけ、気持ちメーターのコマを進めよう
③ カンジョウレンジャーカードを山札から5枚引いて、「メイン」にカンジョウレンジャーのカードを出すよ
④ 「ベンチ」にカードを2枚までスタンバイさせる。こうげきの準備だ

<3> バトルフェイズとバトルコール

① カンジョウレンジャーのこうげきだ！
　「メイン」のカードに加えて、「ベンチ」から「重ねわざ」「えんご」にカードを出そう
② 「重ねわざ」「えんご」で「お助けポイント」をアップしたら、バトルコール！

- （気持ちメーターをさして）「イライラ・不安の大きさは〇〇だ！」
- （「メイン」カードをさして）「〇〇マンの△△わざを使うぞ！」
- （「重ねわざ」カードをさして）「重ねわざ発動！〇〇マンの△△わざだ！」
- （「えんご」カードをさして）「〇〇マン の △△わざ でえんごだ！」

<4> 判定と判定コール　　<5> エンドフェイズ

① こうげきの結果を気持ちメーターで判定するよ。カンジョウレンジャーの「お助けポイント」の合計点を計算しよう
② 「お助けポイント」の合計点の分だけ、気持ちメーターのコマをもどそう

➡ 気持ちメーターが「0」になったら、カンジョウレンジャーの勝ち！

① モンスターゲットのコマを1つ進めて、勝ちの判定コールだ！

- （気持ちメーターをさして）「イライラ・不安の大きさは〇〇から0になったよ！」
- 「やったぜ！　カンジョウレンジャーの勝ち。これで安心さ」
「モンスターをゲットしたぞ。1アップ」

②「えんご」のカードは「ベンチ」にもどして、また使うことができる
③フィールドのモンスターカード、レンジャーカードを「捨て場」に動かす

➡気持ちメーターが「0」にならない

①残念だけど、カンジョウレンジャーが負けてしまった。負けの判定コールだ。

- （気持ちメーターをさして）「イライラ・不安の大きさは◇から△になったよ！」
- 「残念！ 次はがんばろう。別の方法を見つけるよ」

②フィールドのモンスターカードと気持ちメーターの点数はそのまま
③フィールドのレンジャーカードをぜんぶ「捨て場」に動かす

➡判定コールをしたらドローフェイズにもどり、次のこうげきだ！

＜6＞勝利宣言

マイナスモンスターを6体たおしてゲットしたら、勝利宣言をしよう！

「モンスターを6体もゲットしたぞ。気分はばっちりさ！」

☆ルールを覚えたらゲームを始めよう！

- プレイマット、カードを準備して、ゲームを始めよう
- バトルコールのとき、カードをさしながら、カンジョウレンジャーの得意わざを言ったり、動作をしてみよう
- 判定コールのとき、気持ちメーターのコマをもどしながら、コールしよう
- どんなカンジョウレンジャーを使ったのか、友だちと話してみよう

「バトルコール」「判定コール」をかっこよく決めるのじゃ！

マイキブン・カードゲームの大事なところ [2]

●属性とお助けポイント

学校　　家　　外　　どこでも

・対戦できるのは同じ属性のカード同士だ
・スタンバイで「メイン」に出すことができるのは、モンスターと同じ属性のカードだよ

・カンジョウレンジャーには、「どこでも」属性のカードがある。
「どこでも」カードは、どのモンスターのこうげきにも使えるよ

・カンジョウレンジャーカードには「お助けポイント」、マイナスモンスターカードには「モンスターポイント」がついている。星「☆」の数が多いほど、こうげき力が高いよ

●重ねわざ

・「重ねわざ」は、「ベンチ」にあるカードの中から、「メイン」のカードと同じ属性のカードか、「どこでも」カードを合わせて使うことだよ

たとえば、「メイン」カードが「うんどうマン」の「休み時間になわとびをする」のとき、「おはなしマン」の「先生に相談する」は、同じ「学校属性」なので、「重ねわざ」として使えるよ。

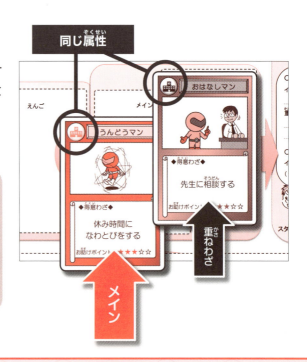

●えんご

・「えんご」には、「メイン」と同じ属性でなくても、「ベンチ」にあるカードなら使うことができるよ

・ただし、属性がちがうと、「えんご」カードのお助けポイントは書いてあるポイントより3だけ小さくなるんだ

・カンジョウレンジャーが勝つと、「えんご」カードをベンチにもどして、くり返し使うことができるよ

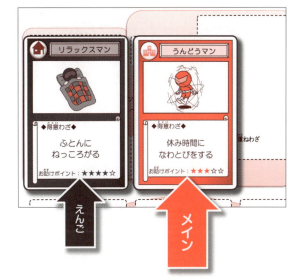

 たとえば、「メイン」カードが「うんどうマン」の「休み時間になわとびをする」のとき、「リラックスマン」の「ふとんにねっころがる」は、属性がちがうので、お助けポイントは4から1になってしまうよ。

●カードの相性

・「相性」によって、属性が同じでも、カンジョウレンジャーカードがモンスターに使えないときがあるよ。注意してね

・「どくおとこ」「ふあん大王」に、「プラスマン」を使うと、「お助けポイント」が2だけ大きくなるぞ

ミッション5 マイナスモンスターズとバトルだ

グループで活動を行うとき

　グループで行うことで、他の子どもの話や発表を参考にして、自分の考えを広げることができます。グループづくりのポイントをまとめておきます。

1．グループの活動に参加することを、常に前向きに評価する

　子どもが活動に注意を向け続けるように、子どもがしていることに関心を示し、少しでもよいことは「いいね！」と認めてほめましょう。活動に参加することで、よいこと、楽しいことが得られるように活動の内容を計画します。

2．グループの決まり、活動するときのルールをはっきりさせる

　子どもが活動に参加することに前向きな期待を示します。子どもに期待される行動を決まりやルールにして、活動の前に復唱し確認します。してよい行動と、しない方がよい行動とその結果が分かるように教えます。

3．逸れたり、はぐれたりする前に、修正する手がかりと機会を与える

　子どもが逸れそうなとき、期待される行動を思い出すように手がかりと機会を与えます。ちょっとした逸脱には、子どもが気づくようにシグナルを送り、適切な活動は何かを示し、その後にどのようになったかを見守ります。

4．グループ活動でよかったことを、学校や家庭で行うことを勧める

　学校や家庭で期待されることについて話し合い、グループ活動の中でできたことを実行するようにすすめます。実行するための計画を立てて、準備をします。

クイズの答え　＊答え合わせは、大人といっしょにしよう。ミッション3・4で学んだことを思い出そう。

- ●カンジョウレンジャーのクイズにちょう戦！の答え（60ページ）
    - 第1問　うんどうマン：②③／リラックスマン：②③
    - 第2問　おはなしマン：①③／かんがえマン：①②／いろいろマン：①③
- ●プラスマンのクイズにちょう戦！の答え（78ページ）。
    - 第1問　1の回答：①③／2の回答：①②／3の回答：②
    - 第2問　自分なりのプラスマンの得意わざを考えてね。マイナスの考えをストップして、見方を変えよう。

ミッション 6

協力合体・友だちトラブル・カイケツロボ起動！

- トラブルを大きくしないで落ち着いてふるまうコツを学ぼう
- 自分の気持ちを伝える、その場から立ち去る、身近な人に報告するという3つの方法を学ぼう

カンジョウマスター

レベル1 ★☆☆☆　トラブラーズ vs カイケツロボ について学ぼう
レベル2 ★★☆☆　ひとことロボ始動せよ
レベル3 ★★★☆　たちさりロボ出動せよ
レベル4 ★★★★　ほうこくロボ発信せよ

レベル１ ★☆☆☆

トラブラーズ vs カイケツロボ について学ぼう

ちょっとした行き違いでも、ちゃんと対応しないとトラブルになってしまうことがあります。これを「トラブラーズ」というキャラクターであらわします。

困った感情は「カンジョウレンジャー」で解決できますが、トラブルを未然に防ぐために、落ち着いて振る舞ったり、冷静に対処する方法を身につけることも大切です。その方法を「カイケツロボ」という３体のロボットの合体であらわします。

 トラブラーズがあらわれた

ささいなことがトラブルとなり、大きくなってくり返されてしまうことを、「トラブルのたね」「とらぶ～る」「魔人トラブロン」というキャラクターであらわします。

まず、**トライシート１（96 ページ）** を使って、それぞれの特徴を学びましょう。このとき、子どもの感情が高ぶったり、気分が悪くならないように注意します。

★**トラブルのたね：トラブルの心配をあらわすキャラクター**
ふだんの生活で起こるささいなできごと。無神経・無関心でいたり、過剰な対応をしたりすると、トラブルに発展することもある。

★**とらぶ～る：学校トラブル、友だちトラブルをあらわすキャラクター**
学校や友だちとの間で起こったトラブル。いつの間にかトラブルに巻き込まれて、離れられなくしてしまう。

★**魔人トラブロン：慢性的なトラブルをあらわすキャラクター**
「とらぶ～る」の進化形。学校トラブル、友だちトラブルがいつまでもおさまらず、何度もぶり返して続くようになった状態。
大騒ぎやけんかになって、相手や自分を傷つけてしまったり、活動が中断して参加できなかったり、大切にしていたものを失ってしまう。

「協力合体カイケツロボ」起動！

　トラブル場面で冷静に対処する方法を、①相手にひとこと言い返す、②トラブルの場所から立ち去る、③自分を助けてくれる大人へトラブルを報告する、の３つのステップに分けて、それぞれ「ひとことロボ」「たちさりロボ」「ほうこくロボ」とあらわします。トラブルが大きくなることを防ぐには、この３つのステップを順に行うことが大切です。

　トライシート２（97ページ）で、それぞれのロボと、３体のロボが合体した「協力合体カイケツロボ」の特徴を学びましょう。

　ロボを上手に使うためのコツ、ポイントなどは、レベル２以降で説明します。**「カイケツロボカード」**が付録のCDに収録されています。プリントしてカードや冊子にして持ち歩いたり、家や教室に掲示して、いつでも確かめられるようにするとよいでしょう。

★**ひとことロボ**：はっきりと言うことをあらわすキャラクター
　トラブルがあったとき、相手に向かって落ち着いて、ひとことではっきりと言う。

★**たちさりロボ**：トラブルから離れることをあらわすキャラクター
　トラブルの起きた場所から、慌てずに堂々と離れて、落ち着く場所に行く。

★**ほうこくロボ**：報告して相談することをあらわすキャラクター
　トラブルがあったときトラブルの内容を具体的にはっきりと信頼できる大人に報告して相談する。

★**協力合体カイケツロボ**：トラブルに対応する手順をあらわすキャラクター
　「ひとことロボ」「たちさりロボ」「ほうこくロボ」が合体した姿。学校トラブル、友だちトラブルに応じて、ひとこと→たちさり→ほうこくを順に行うことで、トラブルを大きくせずに解決する。

★**にじいろチーム**
　トラブルを報告する相手。おうちの人や学校の先生など、トラブルのときに助けてくれる人を決めて、あらかじめ「にじいろチーム」のメンバーになってもらう約束を交わしておく。

●トライシート1

トラブラーズがあらわれた

「トラブラーズ」は、学校トラブル、友だちトラブルのときにあらわれるモンスターだよ。

◆ 「たね」が「とらぶ～る」になると……

とらぶ～る
・トラブルを次々と起こす
・トラブルだらけにしてしまう

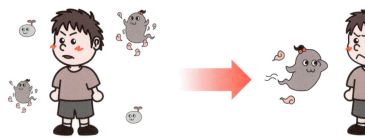

なんでもない、小さなこと、ちゃんとすればだいじょうぶ。

いつでもどこでもいやなことばかり！ どうしたらよいのだろう。

◆ 「魔人トラブロン」に進化するぞ～

魔人トラブロン
・トラブルが大きくなったり、くり返されるとあらわれる
・大さわぎになったり、いつまでも終わらないトラブルになる

トラブルが続くと、気分が悪くなってイライラしてきた！

大さわぎやケンカになり、かっとなって、わけがわからなくなるよ。

●トライシート2　　　　　　　　　　　　　　　　子ども用

トライ2 「協力合体カイケツロボ」起動！

「カイケツロボ」は、友だちトラブルから助けてくれる3体のロボ！

ひとことロボ

たちさりロボ

ほうこくロボ

協力合体ロボ
・3体のロボそれぞれが、トラブルを解決する得意わざを持っているぞ！
・ロボが協力すると、解決する力がパワーアップするよ！

◆3体のロボが協力・合体して「カイケツロボ」になるのだ！

3体合体　　カイケツロボ

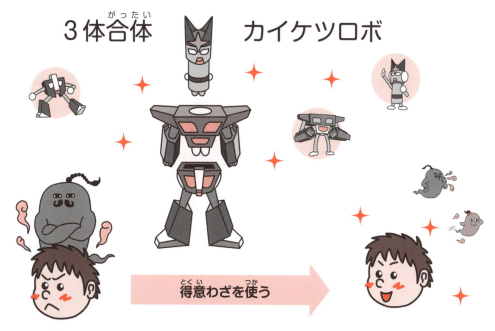

得意わざを使う

「魔人トラブロン」によって、大トラブル、終わらないトラブルになったとき……。

「トラブラーズ」がにげ出した。トラブルを大きくしないで、カイケツすることができる。

ミッション6　協力合体・友だちトラブル・カイケツロボ起動！

レベル2 ひとことロボ始動せよ
★★☆☆

　トラブルに対処する3つのステップのうち、まず最初に、トラブルがあったその場で、相手に自分の気持ちをきちんと伝える「ひとことロボ」について学びます。

　トラブル場面で黙ったままでいると、相手から追い打ちをかけられたり、しつこく繰り返されたり、乱暴な事態にまでひどくなったりします。まずは、自分の気持ちをはっきり相手に伝えることが大事です。

 ### 「ひとことロボ」始動せよ

　自分の気持ちを相手にうまく伝えるための、ことばの表現、言い方のコツ、技を使うときのポイントがあります。**トライシート3（100ページ）**を使って、確認しましょう。

ことばの表現（おすすめことば）

　相手を攻撃するのではなく、トラブルを小さくするように、相手の言い方ややり方、その場の状況、自分の立場について客観的な表現で言いあらわすことです。
　たとえば、「その言い方はやめて」「このやり方は公平じゃない」のように言う。

相手への言い方のコツ

　姿勢、目線、相手との距離、声の大きさに注意して、落ち着いて、はっきり言いましょう。
- 姿勢：背筋を伸ばして、堂々と振る舞う
- 目線 ：相手のほうに体と顔を向け、相手の顔を見る
- 相手との距離：片手を伸ばしたとき相手とぶつからない距離（約1m）。相手が近いときは一歩下がるが、遠いときはわざわざ近づかない
- 声の大きさ：はっきりとした声で相手に聞こえるように堂々と言う

　相手との距離と声の大きさを合わせて考えることも大切です。距離感と声の大きさの感覚がつかみにくい子には、教室や校庭などのさまざまな場所で、相手との距離を変えて練習してみましょう。

技のポイント

①トラブルを小さくするようにひとことで言う

　相手を責めたてる・非難する・問い詰める、挑発する・怒らせる・苛立たせる、バカにする・

あざけるといった表現は避けましょう。たとえば「何だよ、もう一度言ってみろ」「この前、〇〇だと言ったのに、うそつき」「うるさいわね、黙ってよ」「あなたがおかしいのよ」「バカじゃない」などはNGです。

②落ち着いて感じのよい言い方で自分の気持ちを伝える

　自分のイライラや不安の感情をそのまま表したり、不平や不満を表情や身振りでそのまま示したり、相手を脅す・威嚇するような態度、笑ってごまかすふざけた態度などは避けます。

③簡潔にはっきりと言う

　何度も繰り返して言ったり、くどくどと言い続けたり、まとまりのないことをだらだらと言うのはやめましょう。

おすすめことばを選ぼう

　トラブルになったとき、相手に自分の気持ちをはっきり伝える方法を考えます。**トライシート4（102ページ）**を使って、適切なことばの表現（おすすめことば）と、相手への言い方（言い方のコツ）を選ぶ練習をします。

　相手を挑発したり、けんかになったりして、トラブルが大きくならないように、ことばや言い方をシートから選択します。答えは一つとは限りません。適切ではないことばや言い方を示して、比べながら、考えてもよいでしょう。

　また、状況や場面によって、ことばの表現や言い方も変わるものです。ワンパターンにならないように、状況や場面を変えて、ことばや言い方を考えてみましょう。

「ひとことロボ」を使いこなせ

　トラブル場面に合わせて、相手に自分の気持ちを伝えることばと言い方を考えます。**トライシート5（103ページ）**が書けたら、大人を相手に演じてみましょう。

- トライ4で選んだことばと言い方を参考にさせる
- 先生や大人の意見、他の子の話を参考にして、ことばや言い方を書き加えて、自分のレパートリーを増やしていくように促す
- ひとことがスムーズに出るまで、何度か繰り返して演じさせる
- 「ひとことロボ」を使って、よかった点を具体的に取りあげ、認めてほめる
- ふざけたり、大声になったり、照れたり、いい加減なやり方にならないように気をつける

●トライシート3

「ひとことロボ」始動せよ

自分の気持ちをはっきり伝える「ひとことロボ」！

ひとことロボ

●得意わざ
・トラブルがあったとき、相手に向かって、落ち着いてひとことではっきりと言う
・相手にひとこと言うと、トラブルを大きくしないですむ

◆ひとことロボの得意わざはこれだ！

いじわるなクラスメートが
悪口を言ってきた……。

「イヤだからやめてよ！」

……と、はっきり自分の気持ちを
伝える！

ひとことロボのおすすめことば

相手を責めるのではなく、トラブルを小さくするように言う。

たとえば
「その言い方はやめて」「そんなことをしないで」
「このやり方は不公平だ」「わたしのせいではないよ」

①姿勢
背筋をのばして、まっすぐに立つ。

②目線
相手のほうに体と顔を向けて、相手の顔を見る。

③相手とのきょり
手をのばしても相手に当たらないきょりをとる。

④声の大きさ
はっきりとした言い方で、相手に聞こえるように言う。

ひとことロボの言い方のコツ

①姿勢　②目線　③相手とのきょり　④声の大きさ
相手に向かって、静かに言おう。

ワザのポイント・その1：するとよいこと

◎トラブルを小さくする、解決するように言う
◎落ち着いた、感じのよい言い方をする
◎ひとことではっきりと言う
◎相手とのきょりがはなれていても、その場でひとこと伝える

ワザのポイント・その2：しないほうがよいこと

×相手のせいにする、相手を責める、相手をこうげきする
×相手をにらむ、おどかす、大声で言いかえす、さけぶ
×何度も不平や不満をくり返し言う
×言うのをあきらめる、そのままにする

ミッション6　協力合体・友だちトラブル・カイケツロボ起動！

●トライシート4 　子ども用

トライ4 おすすめことばを選ぼう

次の場面のとき、「おすすめことば」と「言い方のコツ」を選んで○をつけよう。

●場面：授業のあと、いじわるなクラスメートが、わたしのテストを見て悪口を言ってきた。

●おすすめことばに、○をつけよう！
- 「そういうことは言わないでよ」
- 「なに見てんだ、あっちいけよ」
- 「おまえだってバカなくせに」
- 「ぼくはいっしょうけんめいがんばったんだよ」

●言い方のコツに、○をつけよう。
- 相手のほうに体を向ける
- 相手を責めるように言う
- 相手をにらむ
- 相手に聞こえるように言う

●場面：授業中に、となりの子が、勝手にわたしの消しゴムを使っている。

●おすすめことばに、○をつけよう！
- 「ふざけないで、ドロボー」
- 「それ、わたしのよ。返して」
- 「使うならひとこと言ってよ」
- 「もういや、やめたわ！」
- 「あなたなんかキライよ」

●言い方のコツに、○をつけよう。
- 小さな声で、早口で言う
- 何度もくり返し言う
- 堂々と胸を張って言う
- ひとことではっきり言う

●トライシート5

子ども用

トライ5 「ひとことロボ」を使いこなせ

次の場面のとき、ひとことロボを使って自分の気持ちを相手に伝えてみよう！

●場面：ろうかで友だちとぶつかった。わざとじゃないのに、「なにするんだよ、バ〜カ」と言われた。

●ひとことロボを使って書いてみよう！

●他の人の意見を聞いて書いてみよう。

●場面：そうじの時間に、自分勝手なクラスメートがやってきて、「あなたが、ほうきそうじもしなさいよ」とおしつけてきた。

●ひとことロボを使って書いてみよう！

●他の人の意見を聞いて書いてみよう。

ミッション6　協力合体・友だちトラブル・カイケツロボ起動！

たちさりロボ出動せよ

レベル3 ★★★☆

トラブルに対処する3つのステップのうち、ひとことロボの次に、トラブルが起きた場所から離れる「たちさりロボ」について学びます。

トラブルに遭ったときにその場にいると、言い争いやケンカになって、トラブルが大きくなってしまいます。そこで、ひとことロボで自分の気持ちを相手に伝えたあとに、その場から身を引いて立ち去り、自分が落ち着ける場所に行きましょう。

 ## 「たちさりロボ」出動せよ

立ち去る際に、振る舞い方、歩き方のコツ、技を使うときのポイントがあります。**トライシート6（106ページ）** を使って、確認しましょう。

立ち振る舞い（おすすめ歩き）

その場から離れるとき、動作や姿勢、表情に気をつけます。相手から逃げるのではなく、落ち着いて慌てずに、堂々と立ち去ることが大切です。

立ち去るときの歩き方のコツ

体を構える、少しずつ離れる、立派な態度、落ち着く場所へ行くことに注意して、相手の誘いやからかいに乗らず、自信をもってトラブル場面から離れましょう。

- 体を構える距離：相手との距離を保つ。腰をおちつけて身を構え、立ち去る行動を起こす体勢をとる（スポーツ選手が動作に移る前の身構えるような状態）
- 少しずつ離れる：相手の様子を確かめながら、徐々に身を引いて、その場から堂々と離れる
- 立派な態度：何を言われたりされたりしても、相手にしない。相手が言ったこと、することに応じない
- 落ち着く場所に行く：自分の落ち着ける場所を思い出し、慌てずにその場所へ移動する

技のポイント

①立派な態度でその場を離れてトラブルを大きくしない

相手を避ける・こそこそ逃げる、相手の言動に対して弱々しい態度をとる、相手をにらむ・威嚇する・大声をだす・バカにするといった行為はトラブルを大きくするもとです。

②相手の挑発や誘いにのらない

　相手が追いかけてきたり、しつこく言ってきたら、ひとことロボの技をもう一度使って、相手を制止する身振りや表情を示します。

 ## 落ち着ける場所を探そう

　学校や家にある安全で落ち着ける場所を探します。具体的にイメージしながら理由も一緒に考えて、**トライシート7（108ページ）** に書きこみましょう。

　グループで行っているなら、大人や他の子と発表し合い、落ち着ける場所について話し合ってみましょう。ただし、落ち着ける場所は、その子にとって大切な場所です。ふだんは友だちや他の人には明かさずに、自分だけの秘密にしておくように説明します。

- 落ち着ける場所を一つだけでなく、いくつか考えさせる
- トラブルや状況に応じて、落ち着ける場所を選んで使い分けるとよい
- あまり人が行かない場所や、人が入らないところにならないようにする。その場所が適切かどうか家族や先生と相談する
- 信頼できる先生の近く、仲のよい友だちのそばといった場所もある
- 決めた場所を思い出しやすいように、その場所や様子の絵を描いたり、写真を撮っておいて、身近なところ・自分のノートや手帳に貼っておく

 ## 「たちさりロボ」を使いこなせ

　トラブル場面に合わせた立ち去り方と落ち着ける場所を考えます。**トライシート8（109ページ）** のシナリオに書きこんだら、それを使って、「ひとことロボ」のせりふから、「たちさりロボ」が立ち去るまでを通して演じてみましょう。

　最初は大人とペアになり、相手役を大人が担い、子どもはカイケツロボを使う「わたし」の役を練習します。慣れたら子ども同士でペアになって、役を交代しながら行います。そうすることで、どのような立ち去り方をすると効果があるかに気づかせます。

　別の場面のシナリオ（トライ9） が付録のCDに収録されているので、続けて取り組んでみましょう。

- トライ7で選んだ落ち着ける場所を参考にさせる
- シナリオを見ながらでよいので、ひとことから立ち去りまでがスムーズにいくように何度かくり返して演じさせる
- 子どもが演じるのにとまどうようなら、大人が立ち去る様子の見本を示す
- うまく演じられたら、よいところを具体的に取りあげて、その場で即座にほめる
- 部屋を走り回ったり、勝手にどこかに行かないように気をつける

●トライシート6

「たちさりロボ」出動せよ

あわてずさわがず歩く「たちさりロボ」！

たちさりロボ

●得意わざ
・トラブルの起きた場所からあわてずに堂々と立ち去って落ち着く場所に行く
・立ち去ると、トラブルを大きくしないですむぞ！

◆たちさりロボの得意わざはこれだ！

ひとことロボのワザを使ってトラブルの相手に自分の気持ちを伝えたあと、
堂々と自信をもって
その場から立ち去るのだ。

こういうふうに立ち去るのだ！

たちさりロボのおすすめ歩き

トラブルが続かないように、その場をはなれることだよ！
✗にげる → 相手をさけて、何も言わず、こそこそかくれる
◎立ち去る → ひとことロボの得意わざを使った後、落ち着いて、りっぱな様子ではなれる

①体をかまえる
相手に近づかない。腰をおちつけて、立ち去る準備をする。

②少しずつはなれる
その場所から、あわてずにはなれる。

③りっぱな態度
相手のさそいにのらない。何をされても相手にしない。

④落ち着く場所に行く
前もって考えておいた場所を思い出そう。

たちさりロボの歩き方のコツ

①体をかまえる　②少しずつはなれる　③りっぱな態度
④落ち着く場所に行く
相手のさそいにのらずに、堂々とはなれよう。

ワザのポイント

・いつも堂々とりっぱな様子でいる
　✗かくれる、こそこそする、はずかしがる
　✗相手をにらむ、おどろかす、大声をだす

・追いかけっこにならないようにする
　相手が追いかけてきたら、ひとことロボの得意わざをもう一度使って、追いかけてこないようにはっきり言う

・まず、トラブルの場所からはなれる
　そして、近くの落ち着ける場所に、すぐに行こう

●トライシート7

トライ7 落ち着ける場所を探そう

学校や家で、自分が落ち着く場所を探してみよう。

ぼくは「図書室」だよ。静かだからね。なかよしの友だちのところもいいな、おしゃべりすると元気が出るし。

わたしは「自分の部屋のベッド」が落ち着くよ。ベッドでごろんとすると、スッキリするんだ。

●学校や家で落ち着ける場所を書いてみよう。

●理由を書いてみよう。

●絵をかいたり、写真をはったりしよう。

●学校や家で落ち着ける場所を書いてみよう。

●理由を書いてみよう。

●絵をかいたり、写真をはったりしよう。

●トライシート8　　　　　　　　　　　　　　　子ども用

トライ8 「たちさりロボ」を使いこなせ

「たちさりロボ」の得意わざを使って、トラブル場面からはなれる練習をしよう！

●場面：学校でそうじの時間。自分勝手なクラスメートは、おしゃべりをしていた。わたしのところにやってきて、「あなたしてよ」と、そうじをおしつけてきた……。

◆シナリオを読んで練習してみよう！

役		せりふ	ワザのポイント
		「ねぇ、あなたが、ほうきそうじもしなさいよ」	
ひとことロボ		**一歩さがる。相手に向かって「わたしは自分のやることがあるの」**	・姿勢 ・目線 ・相手とのきょり ・声の大きさ
		「うるさいわねぇ。いいからやりなさいよ！」	
		「そうよ、あなたがすればいいじゃない」	
たちさりロボ		●立ち去り方を書いてみよう。 ●学校で落ち着ける場所を書いてみよう。 	・体をかまえる ・少しずつはなれる ・りっぱな態度 ・落ち着く場所へ行く

ミッション6　協力合体・友だちトラブル・カイケツロボ起動！

ほうこくロボ発信せよ

レベル4 ★★★★

　トラブルに対処する3つのステップの最後は、トラブルの内容を信頼できる大人（にじいろチーム）に報告・相談する「ほうこくロボ」について学びます。

　トラブルをそのままにして、ひとりで悩まないことです。信頼できる人に報告・相談して、気持ちを落ち着け、アドバイスを聞きます。

「ほうこくロボ」発信せよ

　報告・相談するには、報告の意味、報告のコツ、技を使うときのポイントがあります。**トライシート10**（112ページ）を使って確認しましょう。

報告の意味（報告・相談のすすめ）

　トラブルの重大さをわかってもらうために、事実を踏まえて、様子を具体的にはっきりと話します。自分の気持ちを整えて、信頼できる人からアドバイスをもらうことが大事です。

報告のコツ

以下の4つのコツを押さえてにじいろチームに報告しましょう。

- 相手を見て声をかける：報告する相手を見て「聞いてください」「失礼します」と声をかけ、相手の注意を引く
- 事実を話す：中心となる問題に絞って、手短にわかりやすく話す
- 報告の中身（5W1H）：①いつ、②どこで、③誰と、④何があったか、⑤そのときの様子はどのようだったかを、順を追って話す
- アドバイスを聞く：自分とは異なる見方や考え方を知る。自分なりの解決方法を考えるきっかけとして、自分の気持ちをすっきりさせる

技のポイント

①報告の中身に沿って話せるように練習しておこう

　事実関係を整理し、5W1Hに沿って話すようにふだんから気をつけましょう。あまり細かな部分や話し方にこだわらず、概略を伝えることを優先します。

②報告の伝え方を工夫する

　要点をメモにとってから、整理して話すようにする方法もあります。付録のCDにある**「相談と結果リストカード」**とその説明を活用してください。

③子どもの話し方の特徴を理解して支援する

　中には、筋が通らず要領を得ない報告になる子どももいます。たとえば、時間が前後する、誰が誰に何をしたのかが曖昧になる、実際に起きたことと本人の思いを混同する、などです。5W1Hに沿い、事実に絞って話すように支援してください。

トライ11　「にじいろチーム」を作ろう

　学校や家で、子ども本人が信用でき、信頼できる相手を探します。**トライシート11(114ページ)** を使って、トラブルを報告できる相手を探して、「にじいろチーム」のメンバーになってもらいましょう。

　報告・相談相手を頼むときに使う**「にじいろチーム認定証」の用紙が、このミッションの最後（118ページ）**にあるので活用してください。

- 誰に「にじいろチーム」のメンバーになってほしいかを子どもと相談する。子どもが安心して、話せる相手を一緒に考える
- 報告相手をひとりだけでなく、場所に応じて、いく人か考えさせる
- メンバーになってもらう人に、その趣旨、お願いしたいことをあらかじめ説明して、よく理解しておいてもらう
- 子ども本人がお願いに行く。まず、「にじいろチーム認定証」を見せて、報告相手になってくれるように頼み、認定証に、名前、場所と相談できる時間帯を書いてもらう
- グループで行っているなら、どのような人にお願いしたかを話し合う。ただし、個人が特定されるような具体的な情報は明かさないようにする

トライ12・13　「ほうこくロボ」を使いこなせ

　まず、**トライシート12（116ページ）** の左ページを書きます。トラブル場面を読んで、報告する相手と報告する内容を考えます。次に、右ページに報告する内容を書きうつして、シナリオを完成させます。シナリオに沿って、「ひとことロボ」「たちさりロボ」「ほうこくロボ」までを通して演じましょう。トライ8・9のときのように役を決めて交替しながら行います。

　なお、付録のCDに**別の場面のシナリオ（トライ13）**が収録されているので取り組んでみましょう。

- ひとことから報告までがスムーズにいくように何度か繰り返して演じさせる
- シナリオを見ながらでもよい。棒読みするのではなく、相手へ向かってしっかりと伝える
- うまく演じられたら、その場で即座にほめよう

●トライシート10

トライ10 「ほうこくロボ」発信せよ

はっきり報告、しっかり相談「ほうこくロボ」！

ほうこくロボ

●得意わざ
・トラブルの様子を具体的にはっきりと信らいできるおとなに報告する
・報告や相談をすると、解決方法が見つかる

◆ほうこくロボの得意わざはこれだ！

友だちとトラブルがあったとき
信らいできるおとなに……。

ねぇ先生、聞いてください。

今日の休み時間に、ろうかでクラスの○○くんが、
「バ〜ッカ、こっちへ来るな」って言ってきたんだ。
仲間といっしょに笑ってからかっているようだった。

……と報告する！

ほうこくロボの報告・相談のすすめ

トラブルを解決するために、起こったことを正確に報告するんだ！

×告げ口 → 相手が悪いという言い方で、自分の不満を言いつけに行く

◎報告・相談 → 信らいできる人に、事実を話し、アドバイスを聞く

子ども用

① 相手を見て声をかける
「聞いてください」「失礼します」のようにたずねる。

③ 報告の中身
1：いつ
2：どこで
3：だれと
4：何をされた、言われた
5：相手や周りはどんな様子？

② 事実を話す
事実のみをまとめて、簡単に話す。
短く、わかりやすく話す。

④ アドバイスを聞く
どうしたらよいか、いっしょに考える。

ほうこくロボの報告のコツ
① 相手見て声をかける　② 事実を話す　③ 報告の中身
④ アドバイスを聞く　はっきりと、トラブルの事実を伝える。

ワザのポイント・その1
・信らいできる報告する相手を決めておく
　トラブルのときに、あわてないで、すぐに報告相手のところへ行く
・報告する練習をしておく。「報告の中身」にそって、トラブルの様子を伝える

ワザのポイント・その2
・報告の伝え方は、直接に口で伝えても、メモに書いてもOK
・メモを書いたら、自分なりに解決する方法を考えてみよう

ミッション6　協力合体・友だちトラブル・カイケツロボ起動！

●トライシート11

「にじいろチーム」を作ろう

トラブルの報告ができる人を見つけて、自分だけの「にじいろチーム」を作ろう！

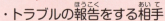

・トラブルの報告をする相手
・トラブルのとき、自分を助けてくれる人
・報告・相談のできる人を見つけよう

◆「にじいろチーム」のメンバーがしてくれること！

- **報告を聞いてくれる**
  トラブルがあったときに、チームのメンバーのところへ行って報告をしよう。
- **くわしく調べてくれる**
  どうしてトラブルになったのか、なぜ相手がそんなことを言ったり、したりしたのか、そのわけを調べてくれる。
- **解決のためにはたらいてくれる**
  トラブルを解決するために協力してくれる！

◆にじいろチームのメンバーになってほしい人を見つけよう

学校のことは、担任の先生に相談するね。

クラブ活動の先生、じゅくの先生も、よく話を聞いてくれる。

保健の先生のところに、話しに行くわ。

おばあちゃん、おじいちゃんもよく聞いてくれるの。

●学校、家や近所で、報告・相談のできる人を書いてみよう。

◆ にじいろチームのメンバーになってもらおう
・報告の相手になってほしい人に、「にじいろチーム認定証」を書いてもらおう
・認定証を書いてもらっておけば、トラブルや困ったときに相談がしやすいよ
・「にじいろチーム認定証」が、**118ページ**にあるよ

◆ にじいろチームのメンバーになるお願いをしよう
・お願いの仕方は、認定証の裏面に書いてある
・裏面を見ながら、お願いするとよい
・報告相手になってほしい人の名前、場所と時間を書いてもらおう

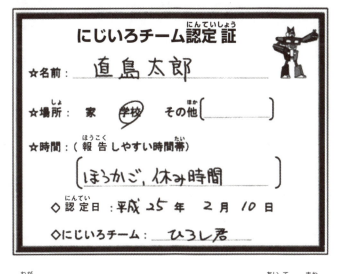

担任の先生に書いてもらったよ！

・お願いするときは、メンバーになってほしい相手の周りに、人がいないときにしよう。落ち着いて話ができるよ
・相手もいそがしいときがある。いそがしそうなら、あらためて別のときにお願いに行こう
・ことばでうまく説明できないときは、認定証の裏面を相手に見せながらお願いしよう

ワザのポイント・その3

・書いてもらった認定証は、目の付くところにおいておく
　たとえば、連絡帳の裏表紙や筆箱の中にはる

・メンバーになってもらえないこともある。
　そのときは、別の人になってもらおう

ミッション 6　協力合体・友だちトラブル・カイケツロボ起動！

●トライシート12

「ほうこくロボ」を使いこなせ

「ほうこくロボ」の得意わざを使って、学校でのトラブルを報告する練習をしよう！

●場面：学校の休み時間、ろうかを歩いていると、向こうからいじわるなクラスメートが歩いてきた。

すれちがうときに、「へんなやつ。あっちいけよ！」と言ってきた。ぼくは何もしていないのに、いっしょにいた仲間とクスクス笑いながらこっちを見ていた。

◆にじいろチームのメンバーに報告しよう！

●学校で報告する相手を書こう。

●報告することを書いてみよう！
・いつ

・どこで

・だれに

・何をされた、言われた

・相手や周りの様子

◆シナリオに書きこんで、読んで練習してみよう！

	役	せりふ	ワザのポイント
	😠	「へんなやつ。あっちいけよ！」	
ひとことロボ	😐	一歩さがる。相手に向かって 「その言い方はやめてよ」	・姿勢 ・目線 ・相手とのきょり ・声の大きさ
	😠	「バ〜ッカ、こっちくるなよ。べ〜〜だ！」	
	😠	「そうだ、そうだ」	
たちさりロボ	😐	トラブルになる前に 少しずつ、落ち着いて立ち去る	・体をかまえる ・少しずつはなれる ・りっぱな態度 ・落ち着く場所へ行く
	😠	「にげるのかよ」	
	😠	「そうだ、そうだ！」	
	😐	相手にせずに、 立ち去る・落ち着く場所に行く	
ほうこくロボ	😐	にじいろチームのメンバーを思い出す 「そうだ、（　　　　　　　　　　）に 聞いてもらおう」	★メンバーの名前を書きこもう
	😊	「ねぇ、ぼくの話を聞いて」	・声をかける ・事実を話す ・報告する中身 ・アドバイスを聞く ★報告する内容を書きこもう ★簡単にまとめるのがコツ
	🤓	「どうしたの」	
	😊	「じつはね、 いつ（　　　　　　　　　　　　）に、 どこで（　　　　　　　　　　　）で、 だれに（　　　　　　　　　　　）に、 何をされた、言われた （　　　　　　　　　　　　　　） 相手や周りのようす （　　　　　　　　　　　　　　）。」	
まとめ	🤓	「そうなんだ、話してくれてありがとう」 「どうしたらよいか、相談しよう」	
	😊	「聞いてもらってよかった」	

ミッション6　協力合体・友だちトラブル・カイケツロボ起動！

にじいろチーム認定証

コピーして切り取り、表面と裏面をはり合わせて、カードにして使おう

＊表面

にじいろチーム認定証

☆名前：＿＿＿＿＿＿＿＿＿＿＿＿＿＿＿＿＿＿

☆場所： 家　　学校　　その他[＿＿＿＿＿＿]

☆時間：（報告しやすい時間帯）

[＿＿＿＿＿＿＿＿＿＿＿＿＿＿＿＿＿＿＿＿]

◇認定日：　　　　年　　　月　　　日

◇にじいろチーム：＿＿＿＿＿＿＿＿＿＿＿

＊裏面

　わたしは、**にじいろチーム**をつくっています。ともだちトラブルが起こったときに、いつ・どこで・だれと・何があったか・相手の様子・周りの様子を報告するためのチームです。そのメンバーを集めています。

　チームのメンバーがすることは、3つです。
　(1) わたしの報告をよく聞く。
　(2) 必要があればもっとくわしく調べる。
　(3) 報告を聞いたら、解決のために行動する。

　わたしの力になってくれる人は、チームのメンバーになってください。お願いします。

ミッション 7

トラブラーズに立ち向かえ

トラブルが起こりそうなときに、うまくふるまう方法を、
シナリオとすごろくゲームで練習しよう

カンジョウマスター

レベル1 ★★★　カイケツ・シナリオを使って演じてみよう

レベル2 ★★★　マイキブンすごろくゲームにチャレンジしよう

カイケツ・シナリオを使って演じてみよう

レベル1 ★☆☆☆

　これまで学んだトラブルに対処するいろいろな方法（カイケツロボ）を使って、友だちトラブル（トラブラーズ）をうまく乗り越える練習をします。

カイケツ・シナリオを使って演じてみよう

　子どもが自分で考えたカイケツロボの技を繰り返し試すことで、トラブル場面を乗り越えたという体験を積むことが大切です。

　右ページの記入例をもとに進め方を説明してから、**シナリオ1**を書きあげ、ペアになって演じ合います。

　別の場面のシナリオ（シナリオ2〜4）が付録のCDに収録されているので続けて練習しましょう。**シナリオ4**では子どもの身に起こるトラブル場面を設定し、オリジナルのシナリオを作ることができます。カイケツ・シナリオを使ったグループでのワークの説明は付録のCDにあります。

シナリオの書き方・進め方

①シナリオの左ページにある「場面」に書かれたトラブルを引き起こす状況をよく読む
②「ひとことロボ」「たちさりロボ」「ほうこくロボ」の順に技や考えを書き込む
③②で考えた技をシナリオの右ページに書き写す
④シナリオを読みながら練習する

演じるときのポイント

　最初は大人との間で、子どもは「わたし・ぼく」役を演じます。スムーズに演じられるまで繰り返し練習しましょう。慣れてきたら子ども同士で3人1組を作り、「わたし・ぼく」「いじわるな友だち」「報告する相手」の役を交代して演じてもらいます。大人は子ども同士のやりとりを見まもり補助する役にまわります。

　ふざけたり、いい加減に演じないように伝えます。特に、たちさりロボを演じるときに走り回ったり、勝手にどこかに行かないように気をつけましょう。

　子どもが演じることができたら、具体的によい点を取りあげて、その場で認めてほめましょう。グループで行っているなら、他の子どものシナリオや意見を参考にして、自分のシナリオに書き加えてもよいでしょう。

カイケツ・シナリオを使って演じてみよう

シナリオを使って、劇をしてみましょう。
カイケツロボの得意わざを試して、トラブルが大きくならずにすんだことに気づきましょう。

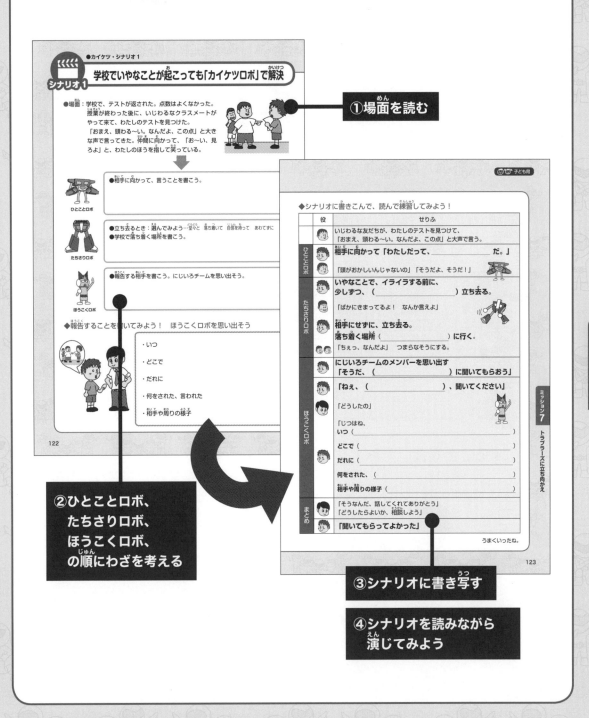

●カイケツ・シナリオ１

シナリオ１ 学校でいやなことが起こっても「カイケツロボ」で解決

●場面：学校で、テストが返された。点数はよくなかった。授業が終わった後に、いじわるなクラスメートがやって来て、わたしのテストを見つけた。
「おまえ、頭わる〜い。なんだよ、この点」と大きな声で言ってきた。仲間に向かって、「お〜い、見ろよ」と、わたしのほうを指して笑っている。

ひとことロボ

●相手に向かって、言うことを書こう。

たちさりロボ

●立ち去るとき：選んでみよう…堂々と　落ち着いて　自信を持って　あわてずに
●学校で落ち着く場所を書こう。

ほうこくロボ

●報告する相手を書こう。にじいろチームを思い出そう。

◆報告することを書いてみよう！　ほうこくロボを思い出そう

・いつ

・どこで

・だれに

・何をされた、言われた

・相手や周りの様子

◆シナリオに書きこんで、読んで練習してみよう！

	役	せりふ
	😠	いじわるな友だちが、わたしのテストを見つけて、 「おまえ、頭わる〜い。なんだよ、この点」と大声で言う。
ひとことロボ	🙂	相手に向かって「わたしだって、＿＿＿＿＿＿＿＿＿＿　だ。」
	😠	「頭がおかしいんじゃないの」「そうだよ、そうだ！」
たちさりロボ	🙂	いやなことで、イライラする前に、 少しずつ、（　　　　　　　　　　　　）立ち去る。
	😠	「ばかにきまってるよ！　なんか言えよ」
	🙂	相手にせずに、立ち去る。 落ち着く場所（　　　　　　　　　　　）に行く。
	😠😠	「ちぇっ、なんだよ」　つまらなそうにする。
ほうこくロボ	🙂	にじいろチームのメンバーを思い出す 「そうだ、（　　　　　　　　　　）に聞いてもらおう」
	🙂	「ねぇ、（　　　　　　　　　　　）、聞いてください」
	🙂	「どうしたの」
	🙂	「じつはね、 いつ（　　　　　　　　　　　　　　　　　　　　　　　　） どこで（　　　　　　　　　　　　　　　　　　　　　　　） だれに（　　　　　　　　　　　　　　　　　　　　　　　） 何をされた、（　　　　　　　　　　　　　　　　　　　　） 相手や周りの様子（　　　　　　　　　　　　　　　　　　）」
まとめ	🙂	「そうなんだ、話してくれてありがとう」 「どうしたらよいか、相談しよう」
	🙂	「聞いてもらってよかった」

うまくいったね。

ミッション 7　トラブラーズに立ち向かえ

レベル2 ★★☆☆

マイキブンすごろくゲームにチャレンジしよう

　巻末付録のマイナスモンスターズカードとトラブラーズカードを使って、マイキブンすごろくゲームにチャレンジしましょう。感情のコントロール方法に加えて、トラブルに対処する方法をゲームで練習することができます。

「マイキブンすごろくゲーム」とは？

　みんなで行う審判制のすごろくゲームです。コマを進める度にあらわれる不快な感情場面「マイナスモンスターズ」と対人関係のトラブル場面「トラブラーズ」に対して、感情のコントロール方法「カンジョウレンジャー」とトラブル対処法「カイケツロボ」の得意技で対応を考え、困難を乗り越えてゴールを目指します。

　誰が一番にゴールするかを競うだけではなく、困っているときはみんなで解決方法を考えて、協力し合っていく雰囲気を作りましょう。

ゲームのねらい

・不快な感情場面では感情のコントロール方法を、トラブル場面ではトラブル対処法が使えるように練習する
・これまで学んだ内容をもとに、自分なりの回答を考えて演じる
・ゲームレベルに応じて、感情のコントロール方法を組み合わせたり、トラブル対処方法を連続して使えるように練習する

すごろくゲームの準備

　ゲームに必要なものは、**マイナスモンスターズカード**、**トラブラーズカードすごろく盤**（以上は巻末付録）、「スキップ」「１マスすすむ」「２マスすすむ」「おしい！」の**判定カード**、**ゲームのコマとサイコロ**、**ルールブック**（以上は付録のCDに収録）です。

　※「カンジョウレンジャーで戦え！ゾーン」「カイケツロボを起動せよ！ゾーン」の2つのゾーンをつなげてゲームを行うこともできます。それぞれ別々に行ってもかまいません。

ゲームの進め方

ゲームは、**①プレイ**、**②パフォーマンスタイム**、**③判定**の順にすすめます。プレーヤーの他に、進行係１名とジャッジ（審判）１名を決めます。ジャッジはプレーヤーの回答に対してアドバイスを行ってボーナスポイントを与える判定をするので、大人が担当します。

以下は、このゲームのルールや進め方です。128ページからの**「これが『マイキブンすごろくゲーム』だよ！」「『マイキブンすごろくゲーム』の大事なところ」**は子ども向けの説明です。子どもとよく読んで、理解してもらってから進めましょう。

1．プレイ

プレーヤーは、順番にサイコロを振り、出た目の数だけコマを進め、止まったマスの指示に従います。「カードを１枚めくる」に止まったら、山札からカードを１枚引いて、みんなに聞こえるようにカードの内容を読みあげます。

2．パフォーマンスタイム

①プレーヤーは以下の方法でカードの内容に答えます。答え方でボーナスポイントが違います。
- カードの質問に答える
- 技を言う。たとえば「技を言います。○○マン（ロボ）の△△技です」と言う
- 技を演じる。たとえば「技をします。○○マン（ロボ）の△△技です」と言って演じる

②プレーヤーが答えに困ったとき、進行係は次のような「ヘルプ」をプレーヤーに促します。
- カンジョウレンジャー得意わざカード、カイケツロボカードを見る
- 「ヒントをください」と言い、他のプレーヤーを当ててヒントをもらう。当てられた人はヒントとして回答するための手がかりを言う
- 「パス」の合図をして、他のプレーヤーに答えてくれるように頼む

3．判定

①プレーヤーが答えたら、進行係がジャッジに判定を促します。ジャッジは**判定基準（127ページ）**に従って、判定カードを示して判定しましょう。

②プレーヤーは、答えによりボーナスポイントが当たり、自分のコマを進めることができます。
- ゲームレベル（126ページ）により、判定の基準が変わり、ボーナスポイントも変わる
- 「ヘルプ」でカードを見たり、ヒントをもらった場合でも、自分で答えられればボーナスポイントがもらえる
- 「パス」を使って他のプレーヤーに頼んだ場合、ボーナスポイントは当たらない
- 「ヘルプ」でヒントを出した人、代わりに答えた人も、その内容に応じて、ボーナスポイントが当たり、コマを進めることができる

ミッション7　トラブラーズに立ち向かえ

ゲームレベル

初級、中級、上級のレベルがあります。レベルによってジャッジの判定基準（ボーナスポイントの基準）が変わるので、ゲーム前にレベルを決めて、みんなで理解しておきましょう。

初級レベル
- 一番簡単なレベル。どのカンジョウレンジャーやカイケツロボでも、技が使えていればボーナスポイントが当たる
- レンジャー（ロボ）と技が対応していなかったり、得意技らしくなくても、技の範囲内であると判断できればよい

中級レベル
- カンジョウレンジャーに合った得意技を使っていればボーナスポイントが当たる
- カイケツロボに合った得意技を使っていればボーナスポイントが当たる

上級レベル
- モンスターズの属性に合ったカンジョウレンジャーの得意技であること。複数の技の組み合わせのときは、さらにボーナスポイントがアップする
- 複数のカイケツロボの得意技を連続（2体合体）して使っていること。3体のカイケツロボの技をすべて連続（3体合体）したら、さらにボーナスポイントがアップする

プレーヤーの答えが不適切な場合のジャッジの対応

プレーヤーの答えが、カンジョウレンジャーやカイケツロボとまったく関係がなかったり、自分を否定する、他者を攻撃する、その場を混乱させる内容のとき、ジャッジは以下の手順で対応しましょう。

①**すぐに否定的な判定や正答を与えたりせず、カンジョウレンジャーやカイケツロボの技を思いださせ、考える時間を与えるようにする**

②**「ゲームの進め方の2-②」（125ページ）のように「ヘルプ」を促す**

③**それでも、プレーヤーが不適切な答えや自分なりの答えに固執した場合、スキップ カードを示して、「カンジョウレンジャー（カイケツロボ）の技ではありません。スキップです」と判定する。その答えについては改めて話し合うことにして、次のプレーヤーへ進む**

このゲームでは、ジャッジの判定は絶対です。サッカーや野球などのスポーツの審判にあたると考えてください。ジャッジ役になった大人は、ゲームレベルをよく理解したうえで、威厳をもってジャッジを演じてください。

ジャッジの判定基準

ゲームレベルに応じて、プレーヤーの答えを次のように判定します。

初級レベル
- 「トラブルのたね」に答えたときは、ボーナスポイントは当たらない
- 「技を言います」で、何らかの技が言えれば、 1マスすすむカード を示して、「○○さん、『１マス進む』です」と判定する
- 「技をします」で、なんらかの技を演じれば、 2マスすすむカード を示して、「○○さん、『２マス進む』です」と判定する

中級レベル
- 「トラブルのたね」に答えたときは、ボーナスポイントは当たらない
- 「技を言います」で、レンジャー（ロボ）とそれにあった技が言えれば、 1マスすすむカード で、「○○さん、『１マス進む』です」と判定する
- 「技をします」で、レンジャー（ロボ）とそれにあった技を演じれば、 2マスすすむカード で、「○○さん、『２マス進む』です」と判定する
- 基準に達していない場合、 おしい! カードで、「○○マン（ロボ）と△△技とは違っています。おしい！」と判定する。ボーナスポイントはもらえない

上級レベル

★「カンジョウレンジャーで戦え！ゾーン」では、
- 「技を言います」で、モンスターの属性にあったレンジャーの技が言えれば、 1マスすすむカード で、「○○さん、『１マス進む』です」と判定する
- 「技をします」で、モンスターの属性にあったレンジャーの技を演じれば、 2マスすすむカード で、「○○さん、『２マス進む』です」と判定する
- さらに、複数のカンジョウレンジャーの技を組み合わせて使えば、ジャッジは再度、 1マスすすむカード で、「○○さん、重ね技を成功です。もう『１マス進む』です」と判定する
- 基準に達していない場合、 おしい! カードで、「○○属性のときは、○○マンの△△技は使えないです。おしい！」と判定する。ポイントは当たらない

★「カイケツロボを起動せよ！ゾーン」では、
- 「技を言います」で、複数のカイケツロボの技を連続して言えれば、 1マスすすむカード で、「○○さん、『１マス進む』です」と判定する
- 「技をします」で、複数のカイケツロボの技を連続して演じれば、 2マスすすむカード で、「○○さん、『２マス進む』です」と判定する
- さらに、３体のカイケツロボの技をすべて連続して使えば、再度、 1マスすすむカード で、「○○さん、合体技の成功です。もう『１マス進む』です」と判定する
- 基準に達していない場合、 おしい! カードで、「カイケツロボの技を続けて使っていません。おしい！」と判定する。ポイントは当たらない

これが「マイキブンすごろくゲーム」だよ！

カンジョウレンジャーとカイケツロボを使いこなして、
ゴールをめざそう。

◆マイキブンすごろくゲームのプレイマット

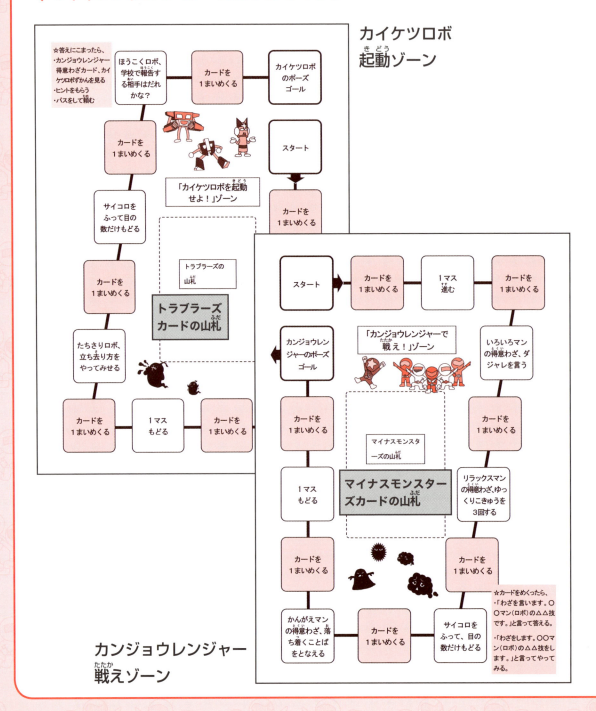

●ゲームの進め方
付録CDの「ルールブック」も見てね。

ゲーム準備
・プレーヤーの他に、ジャッジ1名と進行係1名を決める。ジャッジは大人がする
・モンスターズカードとトラブラーズカードをよく切って、それぞれの山札におく
・プレーヤーは、スタートにコマをおき、順番を決める

1．プレイ
・プレーヤーは、サイコロをふり、出た目の数だけコマを進め、止まったマスに書かれていることを行う
・「カードを1枚めくる」に止まったら、山札からカードを1枚取り、みんなに聞こえるようにカードを読みあげる

2．パフォーマンスタイム
・プレーヤーがカードに答える。「質問に答える」「わざを言う」「わざを演じる」（130ページ）のどれかができる
・プレーヤーが答えに困ったとき、進行係はプレーヤーにヘルプ（130ページ）をすすめる

3．判定
・プレーヤーが答えたら、進行係がジャッジに判定をお願いする
・ジャッジは、ゲームレベルにしたがって、判定カードを出して判定する
・プレーヤーは、答えにより、ボーナスポイントが当たり、自分のコマを進めることができる
・カードを見たり、ヒントをもらっても、プレーヤーが自分で言ったり、演じたりできれば、ボーナスポイントが当たる
・ヒントを出した人、代わりに答えた人も、そのヒントや答えにより、ボーナスポイントが当たり、自分のコマを進めることができる
・次のプレーヤーに進む

「マイキブンすごろくゲーム」の大事なところ

●ゲームの係り

プレーヤー（ゲームをする人）のほかに、「ジャッジ」と「進行係」を決めよう。

ジャッジ
・プレーヤーの答えを聞いて、アドバイスをし、ボーナスポイントの判定をする。大人が担当する

進行係
・ゲームを進める
・プレーヤーに答えを聞いたり、ヘルプをすすめたりする
・ジャッジに判定をお願いする
・プレーヤーをしながら、進行係をしてもよい

ジャッジの判定にはしたがおう。

●プレーヤーの答え方

ゲームの答え方には、「質問に答える」「わざを言う」「わざを演じる」がある。

質問に答える
「トラブルのたねの質問に答えます。　答えは、…………　です。」

わざを言う　ボーナスポイント 1マスすすむ
「わざを言います。
聞いてください。
○○マン（ロボ）の………わざです」

わざを演じる　ボーナスポイント 2マスすすむ
「わざをします。
見てください。
○○マン（ロボ）の………わざをやります」

（パフォーマンスタイム）

●プレーヤーのヘルプ

答えに困ったときは「ヘルプ」をしよう。ヘルプには、

ヘルプ1
「カンジョウレンジャーとくいわざカード」
「カイケツロボカード」を見てさがす。

ヘルプ2
「ヒントをください」と言って、他のプレーヤーから、ヒントをもらう。

ヒントをもらっても、自分で答えれば、ボーナスポイントはゲットできるよ。

ヘルプ3
「パス」と言って、他のプレーヤーに「△△さん、答えをお願いします」とたのむ。

●ジャッジの判定
　ジャッジの判定は、ゲームのレベルで変わってくる。
　ゲームを始める前に、ゲームのレベルを確かめよう。

> レベルに合わないと、
> 「おしい！」の判定となって、
> ボーナスポイントが
> ゲットできないよ。

初級レベル
- カンジョウレンジャーか、カイケツロボの得意わざであること

中級レベル
- カンジョウレンジャーに合った得意わざを使っていること
- カイケツロボに合った得意わざを使っていること

上級レベル
- モンスターズの属性に合ったカンジョウレンジャーの得意わざであること
  　重ねわざのときは、さらにポイントアップ
- カイケツロボの得意わざを2つ合体して使っていること
  　3体が合体したら、さらにポイントアップ

☆マイキブンすごろくゲームにチャレンジ！

　ゲームばん、カード、判定カードを準備して、
　友だちやおうちの人といっしょに、マイキブンすごろくゲームを始めよう。

- ジャッジは、大人の人になってもらおう。
  　ジャッジの判定は厳しいこともあるけれど、したがおう

- パフォーマンスタイムで、考えてみても答えが出てこなかったら、
  　「ヘルプ」をして、他の人から「ヒント」をもらってもいいよ

- 友だちのパフォーマンスをよく見てみよう。よいと思ったら、
  　自分のときに、まねをしてやってみてもいいんだ

- 演じるときは、ふざけたり、いいかげんにならないように気をつけよう

- みんなで楽しくやろう

ミッション7　トラブラーズに立ち向かえ

巻末付録とCDの中身

> **巻末付録**

- ・カンジョウレンジャーカード
- ・マイナスモンスターズカード
- ・トラブラーズカード
- ・マイキブン・カードゲーム用プレイマット
- ・マイキブンすごろくゲーム用ゲーム盤

> **CDの中身** （📖 は本書に収録されています）

ミッション1
ワーク1-3_うれしい📖　　ワーク4-6_リラックス　　ワーク7-9_イライラ📖
ワーク10-12_ふあん　ワーク13・14_きもちメーター📖　ワーク15_きもちメーターワーク📖
ワーク16-17_きもちメーターワーク　　　　クイズ1_カンジョウマスター挑戦1
かつよう1_きもちメーター使ってみんなでワーク　　カード1_ポケットきもちメーター

ミッション2
うれしい日記1📖　うれしい日記2-8　カード2_だいすきずかん　クイズ2_カンジョウマスター挑戦2
かつよう2_うれしい大好き発表会しよう

ミッション3
チャレンジ1_マイナスモンスターズ📖　チャレンジ2_カンジョウレンジャーとプラスマン📖
チャレンジ3_うんどうマン📖　　　　　チャレンジ4_リラックスマン📖
チャレンジ5_リラックスマンおすすめわざ📖　　チャレンジ6_おはなしマン📖
チャレンジ7_かんがえマン📖　　　　　チャレンジ8_いろいろマン📖
カード3_カンジョウレンジャーとくいわざカード　クイズ3_カンジョウレンジャー挑戦📖
クイズ4_うんどうマン　　　　クイズ5_リラックスマン　　　　クイズ6_おはなしマン
クイズ7_かんがえマン　　クイズ8_いろいろマン　　クイズ9-11_カンジョウレンジャー
かつよう3_リラックスマンおすすめわざ　　かつよう4_おはなしマン相手はどんな人
かつよう5_かんがえマンカウントダウン　　かつよう6_いろいろマンだじゃれ大作戦
かつよう7_好みのカンジョウレンジャー　　かつよう8_カンジョウレンジャーすごろく
かつよう9_カンジョウレンジャーとくいわざビンゴ

ミッション4
チャレンジ9-11_プラスマン📖　　　　チャレンジ12・13_プラスマンみんなでクイズ📖
チャレンジ14・15_プラスマン見方を変えよう📖　カード4_1-3_カンジョウレンジャーチャレンジカード
カード5_プラスマンとくいわざカード　　カード6_プラスマンすてつぼカード
クイズ12_プラスマン挑戦📖　　　　　かつよう10_プラスマンいいところビンゴ

ミッション5

- カンジョウシナリオ1_かいじんイライラ📖
- カンジョウシナリオ2_どくおとこ📖
- カンジョウシナリオ3_ふあんちゃん
- カンジョウシナリオ4_ふあん大王
- カンジョウシナリオ5_オリジナル
- カードゲーム0_マイキブン・カードゲームしよう
- カードゲーム1_プレイマット📖
- カードゲーム2・3_カンジョウレンジャーカード📖
- カードゲーム4_マイナスモンスターズカード📖
- カードゲーム5_ゲーム手順表
- カードゲーム6_バトルコール判定コールカード
- カードゲーム7_気持ちメーターモンスターゲットコマ
- カードゲーム8_ルールブック
- カードゲーム9_カード一覧表
- かつよう11_カンジョウシナリオ演じよう

ミッション6

- トライ1_トラブラーズ📖
- トライ2_カイケツロボ📖
- トライ3_ひとことロボ📖
- トライ4_ひとことロボおすすめことば📖
- トライ5_ひとことロボ使いこなせ📖
- トライ6_たちさりロボ📖
- トライ7_たちさりロボおちつく場所📖
- トライ8・9_たちさりロボ使いこなせ📖
- トライ10_ほうこくロボ📖
- トライ11_にじいろチームつくろう📖
- トライ12_ほうこくロボ使いこなせ📖
- トライ13_ほうこくロボ使いこなせ2
- カード7_カイケツロボ
- クイズ13_カイケツロボ挑戦
- クイズ14_ひとことロボ
- クイズ15_たちさりロボ
- クイズ16_ほうこくロボ
- クイズ17_カイケツロボ合体
- かつよう12_相談結果リスト使おう

ミッション7

- カイケツシナリオ1_学校トラブル📖
- カイケツシナリオ2_学校トラブル2
- カイケツシナリオ3_家でトラブル
- カイケツシナリオ4_オリジナル
- かつよう13_カイケツシナリオ演じよう
- かつよう14_トラブルのたねすごろく
- すごろくゲーム1_すごろく盤📖
- すごろくゲーム2_トラブラーズカード📖
- すごろくゲーム3_判定カード
- すごろくゲーム4_コマ
- すごろくゲーム5_ルールブック
- すごろくゲーム6_トラブラーズカード一覧

SST

- SST1_支援プログラムの説明と指導計画
- SST2_指導資料・プレゼン
- SST3_感情の理解と調整・支援プログラムの評価

ふろくいろいろ

- カンジョウマスター_一覧
- カンジョウレンジャー_一覧
- カイケツロボ_一覧
- ひょうじょう1_ぼく
- ひょうじょう2_わたし
- クラフト1_ひとことロボクラフト
- クラフト2_たちさりロボクラフト
- クラフト3_ほうこくロボクラフト
- クラフト4_カイケツロボ合体
- 絵本_そんなときはカンジョウレンジャー
- マスターライセンス証
- かつよう15_シールを集めよう

画像ファイル

- カンジョウマスター、カンジョウレンジャー、カイケツロボ、ぼく・わたしの画像

カンジョウレンジャー＆カイケツロボは不滅です
あとがきにかえて

　『思いっきり支援ツール』（武藏・高畑,2006, エンパワメント研究所）の本を作ったとき、支援のための環境を準備し、適応的な行動を形成して定着を図れば、感情の問題も解消すると思っていました。ですが、感情や情動の問題も支援する課題と捉えるべきであったのです。それから、感情の問題に焦点を当てた SST をさまざまな形で行ってきました。もっと子どもにわかりやすい、親しみやすくおもしろい方法が必要だと思うようになりました。

　この本は、認知行動療法（Cognitive behavior therapy）の考え方を背景としています。しかし、むずかしい用語や方法は出てきません。順序だてた指導、キャラクター化による視覚的な支援、シナリオやゲームによる繰り返し練習、互いの意見の発表と交流、生活の中で続ける手立てを工夫することで、了解しがたい感情について理解を深めて、いざというときの備えにつながるのではと考えています。

　カンジョウレンジャーを最初に思いついた齊藤佐和さんの話です。「怒りは、大きさを自分でコントロールして、うまくつき合っていける感情なのです。でも、子どもたちに目に見えない感情を説明しても、なかなか伝わりません。そこで思いついたアイデアが、『怒り＝かいじんイライラ』『怒りのコントロール方法＝自分を助けてくれるヒーロー』と表現することでした。『怒りのコントロールの勉強っておもしろい！　イライラが爆発しなくなったよ』そんな子どもたちの声が増えますように……」。

　カイケツロボを考えた門脇絵美さんと小郷将太さんの話です。「自分で気持ちを落ち着けても、周りの人とのトラブルに巻き込まれることがあります。その対応の仕方を考えることになって……。対処法をステップに分けて学ぶには、『相手に言う』『離れる』『大人に報告する』の３ステップがわかりやすくシンプルであると考えました。さらに、この３つのステップを合体ロボという形で表すと、興味をもって学べると思い、カイケツロボができあがりました」。

　感情の SST を行い、さらに本書をまとめるにあたり、ゼミの学生たちをはじめ、たくさんの方々に協力をいただきました。その中でも、藤井宏史さん、橿原浩美さん、西村健一さん、大西祥弘さん、荒井桂子さん、西本公平さん、原田直弥さん、平井康智さんには、名前をあげてお礼申し上げます。それから、私たちの求めに応じてたくさんのイラストを描いてくれた今野寛之さん、蒔田美里さんに特にお礼申し上げます。

著者を代表して
晴天の瀬戸内に、白いフェリーを見ながら
武藏博文

●著者プロフィール

武藏博文（むさし・ひろふみ）
1985年、筑波大学大学院心身障害学研究科単位修得中退
現在、香川大学教育学部教授

齊藤佐和（さいとう・さわ）
2011年、香川大学大学院教育学研究科修了
現在、香川県内の小学校教諭

小郷将太（おごう・しょうた）
2013年、香川大学大学院教育学研究科修了
現在、岡山県内の特別支援学校教諭

門脇絵美（かどわき・えみ）
2013年、香川大学大学院教育学研究科修了
現在、鳥取県内の小学校教諭

付録のCDは、Windows7、Vista（Office2007、2010）、およびMac10.9.3、10.10.2（Office2011）で動作確認を行っています。お使いの動作環境によっては正しく表示されないこともあります。

楽しく学べる怒りと不安のマネジメント
カンジョウレンジャー ＆ カイケツロボ

発行日	2015年5月30日　初版第1刷（3,000部）
	2019年12月10日　初版第2刷（1,000部）
	2022年7月10日　初版第3刷（1,000部）

編　著　武藏博文
著　者　齊藤佐和　小郷将太　門脇絵美
発　行　エンパワメント研究所
　　　　〒201-0015　東京都狛江市猪方3-40-28　スペース96内
　　　　　　　　　　TEL/FAX 03-6892-9600
　　　　　　　　　　https://www.space96.com
　　　　　　　　　　e-mail：qwk01077@nifty.com

編集・制作　七七舎　　　　　　　装幀　石原雅彦
表紙・本文イラスト　今野寛之、蒔田美里

ISBN978-4-907576-35-6

 **うんどうマン**　◆得意わざ◆　いらない紙をそっとやぶる　お助けポイント：★★☆☆☆	 **うんどうマン**　◆得意わざ◆　休み時間になわとびをする　お助けポイント：★★★☆☆	 **うんどうマン**　◆得意わざ◆　かたづけ、そうじをする　お助けポイント：★★☆☆☆
 **うんどうマン**　◆得意わざ◆　筋トレ、体を動かす　お助けポイント：★★★☆☆	 **うんどうマン**　◆得意わざ◆　ランニングをする　お助けポイント：★★★★☆	 **うんどうマン**　◆得意わざ◆　自転車にのる　お助けポイント：★★☆☆☆
 **うんどうマン**　◆得意わざ◆　肩をたたく　お助けポイント：★☆☆☆☆	 **うんどうマン**　◆得意わざ◆　手をギュッとにぎる　お助けポイント：★★☆☆☆	 **リラックスマン**　◆得意わざ◆　両手を合わせてマッサージする　お助けポイント：★★☆☆☆

リラックスマン  ◆得意わざ◆ その場で小さくのびをする お助けポイント：★★★☆☆	**リラックスマン**  ◆得意わざ◆ 音楽をきく お助けポイント：★★☆☆☆	**リラックスマン**  ◆得意わざ◆ ふとんにねっころがる お助けポイント：★★★★☆
リラックスマン  ◆得意わざ◆ 大きくのびをする お助けポイント：★★☆☆☆	**リラックスマン**  ◆得意わざ◆ 空を見つめる お助けポイント：★☆☆☆☆	**リラックスマン**  ◆得意わざ◆ ゆっくりこきゅうをする お助けポイント：★★★☆☆
リラックスマン  ◆得意わざ◆ だら〜んと力をぬく お助けポイント：★★☆☆☆	**おはなしマン**  ◆得意わざ◆ 近くの友だちと話をする お助けポイント：★★☆☆☆	**おはなしマン**  ◆得意わざ◆ 先生に相談する お助けポイント：★★★☆☆

おはなしマン	おはなしマン	おはなしマン

◆得意わざ◆ 家族と話をする お助けポイント：★☆☆☆☆	◆得意わざ◆ お母さんと話をする お助けポイント：★★★☆☆	◆得意わざ◆ 友だちに「聞いて」と話しかける お助けポイント：★★★★☆
おはなしマン	おはなしマン	かんがえマン

◆得意わざ◆ 家に帰ってお母さんに話をする お助けポイント：★★★☆☆	◆得意わざ◆ おしゃべりをして落ちつく お助けポイント：★★☆☆☆	◆得意わざ◆ 「だいじょうぶ」と書く お助けポイント：★★★★☆
かんがえマン	かんがえマン	かんがえマン

◆得意わざ◆ 好きな歌を口ずさむ お助けポイント：★★★☆☆	◆得意わざ◆ 好きな食べ物の名前をとなえて、気持ちを変える お助けポイント：★★★☆☆	◆得意わざ◆ 「おちつけおちつけ」と言い聞かす お助けポイント：★★☆☆☆

かんがえマン  ◆得意わざ◆ 自分の元気が出ることばをとなえる お助けポイント：★★★★☆	**かんがえマン**  ◆得意わざ◆ 「なんとかなるさ♪」とつぶやく お助けポイント：★★☆☆☆	**いろいろマン**  ◆得意わざ◆ ダジャレ考えて楽しい気持ちになる お助けポイント：★★☆☆☆
いろいろマン  ◆得意わざ◆ すごいと思う人になりきって行う お助けポイント：★★★☆☆	**いろいろマン**  ◆得意わざ◆ うれしい日記を見る お助けポイント：★★☆☆☆	**いろいろマン**  ◆得意わざ◆ 大好きずかんを見る お助けポイント：★★★★☆
いろいろマン  ◆得意わざ◆ アニメキャラになったつもりで、かっこうよく決める お助けポイント：★★☆☆☆	**いろいろマン**  ◆得意わざ◆ ハッピーなことを思い出し、気持ちをもり上げる お助けポイント：★★☆☆☆	**いろいろマン**  ◆得意わざ◆ うまくやれた自分を思い出してチャレンジする お助けポイント：★★★☆☆

プラスマン	プラスマン	プラスマン

◆得意わざ◆ そういうこともあると前向きに考える お助けポイント：★★☆☆☆	◆得意わざ◆ 「できるかぎりすればいい」とやる気を出す お助けポイント：★★★★☆	◆得意わざ◆ 「きょうはツイてなかった」と考える お助けポイント：★★☆☆☆
プラスマン	プラスマン	プラスマン

◆得意わざ◆ 「……だな」と前向きに考える 自分なりのプラスの考えをしてね。 お助けポイント：★★★☆☆	◆得意わざ◆ 「きちんと話をしよう」と考える お助けポイント：★★☆☆☆	◆得意わざ◆ 「思いどおりにならないこともある」と考える お助けポイント：★★★☆☆
プラスマン	プラスマン	かいじんイライラ

◆得意わざ◆ 「少しくらいうまくいかなくてもいいんだ」と考える お助けポイント：★★★☆☆	◆得意わざ◆ 「きっとだいじょうぶ」と考える お助けポイント：★☆☆☆☆	休み時間に、学校中が足音や声でうるさい 気分のことなので、いろいろマンとプラスマンは使えない モンスターポイント：💧💧💧💧

かいじんイライラ
近所の犬の鳴き声がとてもうるさい
気分のことなので、いろいろマンは使えない
モンスターポイント: 🔥🔥🔥🔥

かいじんイライラ
じゅ業中、ずっと手をあげているのに、先生がぜんぜん当ててくれない
じゅ業中なので、うんどうマンとおはなしマンが使えない
モンスターポイント: 🔥🔥🔥🔥

かいじんイライラ
ゲームをしていたら、親に「いつまでしているの？」と言われた
モンスターポイント: 🔥🔥🔥🔥

かいじんイライラ
スーパーまで買い物に行ったのに、ほしい物がなかった
モンスターポイント: 🔥🔥🔥🔥

かいじんイライラ
順番待ちしているのに、クラスの子が横入りしてきた
活動中なので、うんどうマンといろいろマンは使えない。
モンスターポイント: 🔥🔥🔥🔥

かいじんイライラ
じゅ業中、先生に「何回も言ってるのに」と言われた
じゅ業中なので、うんどうマンとおはなしマンが使えない
モンスターポイント: 🔥🔥🔥🔥

かいじんイライラ
勉強をやろうとしたときに、親に「勉強したの？」と聞かれた
モンスターポイント: 🔥🔥🔥🔥

かいじんイライラ
とても遠いのに、歩いて行かなきゃいけない
気分のことなので、いろいろマンとプラスマンは使えない
モンスターポイント: 🔥🔥🔥🔥🔥

かいじんイライラ
みんなと同じことをしていたのに、自分だけおこられた
気分のことなので、いろいろマンは使えない
モンスターポイント: 🔥🔥🔥🔥🔥

かいじんイライラ	かいじんイライラ	かいじんイライラ

約束したのに、友だちが待ち合わせの時間になっても来ない	公園で遊んでいたら、「あっちへ行けよ」と言われた	友だちの話に入れないで、仲間はずれになった
モンスターポイント: 💧💧💧💧💧	モンスターポイント: 💧💧💧💧	モンスターポイント: 💧💧💧

ふあんちゃん	ふあんちゃん	ふあんちゃん

図書室の本がいつもとちがうところにある 気分のことなので、いろいろマンとプラスマンは使えない	何度もたしかめたけれど、わすれ物をした気がする	みんなからグループのリーダーをまかされた
モンスターポイント: 💧💧💧	モンスターポイント: 💧💧💧	モンスターポイント: 💧💧💧

ふあんちゃん	ふあんちゃん	ふあんちゃん

朝からおなかが気持ち悪い 体のことなので、うんどうマンといろいろマンは使えない	友だちと遊んでいたのに、はぐれて1人になってしまった ひとりなので、おはなしマンが使えない	行動がおそくて、みんなに取り残された ひとりなので、おはなしマンが使えない
モンスターポイント: 💧💧💧	モンスターポイント: 💧💧💧💧	モンスターポイント: 💧💧💧💧💧

🏫 ふあんちゃん  じゅ業中、先生に当てられそう じゅ業中なので、うんどうマンとおはなしマンが使えない モンスターポイント: 💧💧💧💧💧	🏠 ふあんちゃん  勉強があるのに、お手伝いもしなくてはいけない。どうしよう モンスターポイント: 💧💧💧💧💧	☀ ふあんちゃん  あした、はじめての場所に行かなければいけない モンスターポイント: 💧💧💧💧💧
🏫 ふあんちゃん  クラスの子が私のほうを見て笑っていた 理由がわからないので、プラスマンが使えない モンスターポイント: 💧💧💧💧	🏠 ふあんちゃん  親がいつもの時間に仕事から帰ってこない ひとりなので、おはなしマンが使えない モンスターポイント: 💧💧💧💧	☀ ふあんちゃん 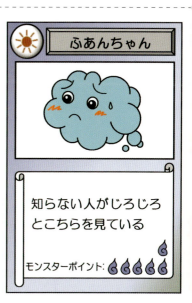 知らない人がじろじろとこちらを見ている モンスターポイント: 💧💧💧💧💧
🏫 ふあんちゃん 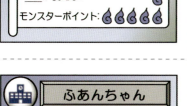 けんか中の友だちと会わなければいけない けんか中なので、うんどうマンは使えない モンスターポイント: 💧💧💧	🏠 どくおとこ  お母さんに話しかけたのに返事がなかった。「わたしがきらいなんだ」 モンスターポイント: 💧💧💧💧💧	🏫 どくおとこ  そうじ時間にクラスの子が遊んでいて、そうじをしない。「こんな教室にいたくない」 そうじ中なので、うんどうマンは使えない モンスターポイント: 💧💧💧💧💧

どくおとこ
近所の家のガラスをわってしまった。「にげないと、おこられる」
トラブル中なので、うんどうマンは使えない
モンスターポイント: 🔥🔥🔥🔥🔥

どくおとこ
じゅ業中、がんばって発表したのに、友だちが笑ってひやかしてきた。「なぐってやる」
じゅ業中なので、うんどうマンとおはなしマンが使えない
モンスターポイント: 🔥🔥🔥

どくおとこ
ドッジボールで負けてしまった。「チームのやつらが弱いせいだ！」
モンスターポイント: 🔥🔥🔥🔥🔥

どくおとこ
ぶつかって、相手を泣かせてしまった。「このくらいで泣くなんて、わざとにちがいない」
友だちとのことで、うんどうマンは使えない
モンスターポイント: 🔥🔥🔥🔥🔥

どくおとこ
家族で出かける約束をしていたのに、行けなくなった。「もうお出かけしない」
モンスターポイント: 🔥🔥🔥

ふあん大王
おふろをためてとたのまれたのに、センをわすれた。「何をやってもだめだ」
モンスターポイント: 🔥🔥🔥🔥🔥

ふあん大王
じゅ業中発表したら、答えがまちがっていた。「やっぱり頭が悪いんだ」
じゅ業中なので、うんどうマンとおはなしマンが使えない
モンスターポイント: 🔥🔥🔥

ふあん大王
学級委員をまかされた。「どうせ失敗しちゃうんだろう」
モンスターポイント: 🔥🔥🔥🔥

ふあん大王
買い物で、家族とはぐれてしまった。「きっとすてられたんだ」
ひとりなので、おはなしマンが使えない。
モンスターポイント: 🔥🔥🔥🔥🔥

ふあん大王 (学校) 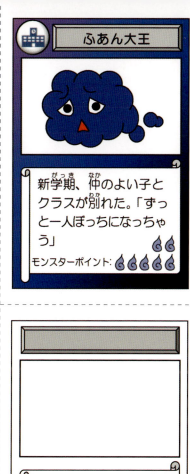 新学期、仲のよい子とクラスが別れた。「ずっと一人ぼっちになっちゃう」 モンスターポイント: 💧💧💧💧	**ふあん大王** (家)  今日のテストはできなかった。「点が悪いと居残りだ」 モンスターポイント: 💧💧💧💧	**ふあん大王** (日)  帰り道に、きらいな子と会ってしまった。「まちぶせしていたんだ」 モンスターポイント: 💧💧💧💧
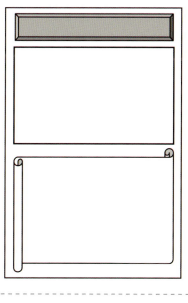	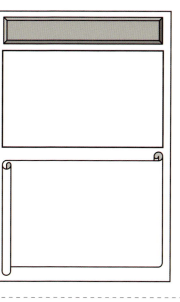	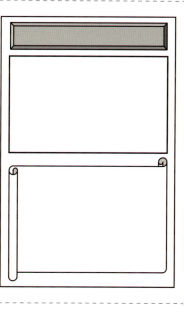
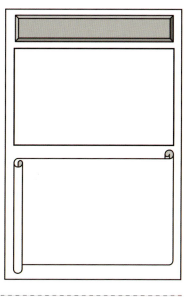	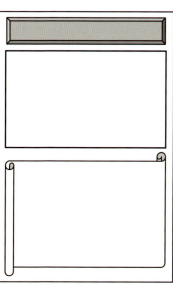	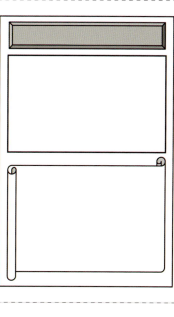

とらぶ〜る	とらぶ〜る	とらぶ〜る

友だちに「バカじゃないの？」と言われた	まじめに勉強しているときに，ちょっかいを出された	自分の気に入っている筆箱を，友だちにダサいと言われた
とらぶ〜る	とらぶ〜る	とらぶ〜る

給食の配膳をしていたら，「おれのやつだけいっぱい入れろよ」と言われた	そうじの時間なのに，友だちがほうきを使って遊んでいる	友だちがクラスのルールを守らない
とらぶ〜る	とらぶ〜る	とらぶ〜る

発表の時に答えを間違えたら，友だちがくすくす笑っていた	となりの席の友だちが，机をガタガタならしている	休み時間，本を読みたいのに，友だちが「サッカーをしよう」としつこく言う

とらぶ〜る	とらぶ〜る	とらぶ〜る

家で遊んでいるとき，友だちがゲームに夢中で無視をされた	友だちが，クラスメートの悪口を言っているのを聞いてしまった	友だちが私の方を見て，くすくす笑っている
とらぶ〜る	とらぶ〜る	とらぶ〜る

いっしょに日直をしている友だちが，一回も黒板消しをやってくれない	友だちが勝手に自分のものを使っていた	となりの席の子が，耳の近くで大きな音を鳴らしてくる
とらぶ〜る	とらぶ〜る	とらぶ〜る

ぶつかられたのに謝ってくれなかった	友だちが，ぼくの目の前で体操着のふくろをふり回している	休み時間に本を読んでいると，となりの席の子が大きな声で話しかけてくる

まじんトラブロン  友だちに,「あなたと遊ぶのはいや」と急に言われた	**まじんトラブロン**  ろうかを走っていた人にぶつかられて「ぼーっと立ってんじゃねぇよ」と文句を言われた	**まじんトラブロン**  机の上に,マジックで「バカ」と書かれていた
まじんトラブロン  宿題のわからないところを友だちに聞くと,「そんなのもわからないの?」と言われた	**まじんトラブロン**  教室でボール遊びをしている子に,「外に行って」と言うと「お前が出ろよ」と言われた	**まじんトラブロン**  後ろの席の友だちに,「どけよ,お前のせいで見えない」と文句を言われた
まじんトラブロン  遊んでいると,友だちが急に笑いながらたたいてきた	**まじんトラブロン**  そうじ時間に友だちにそうじをおしつけられた	**まじんトラブロン**  となりの席の友だちが,ぼくのノートに落書きをしてきた

トラブルのたね	トラブルのたね	トラブルのたね
 自分をほめる言葉をひとつ言ってみよう	 うれしいときの顔をしてみよう	 お母さんが好きなお菓子を買ってきてくれた！その時の気持ちは？
 好きな食べ物を3つ言ってみよう	 最近あったうれしいできごとをひとつ言ってみよう	 本を読んでいると、「その本貸してよ」と友だちが聞いてきた。どうする？
 サッカーをしていると友だちがかっこいいシュートを決めた！なんて声かける？	 友だちに「宿題見せて」と言われた。どうする？	 今，自分が好きなことをひとつ言ってみよう。

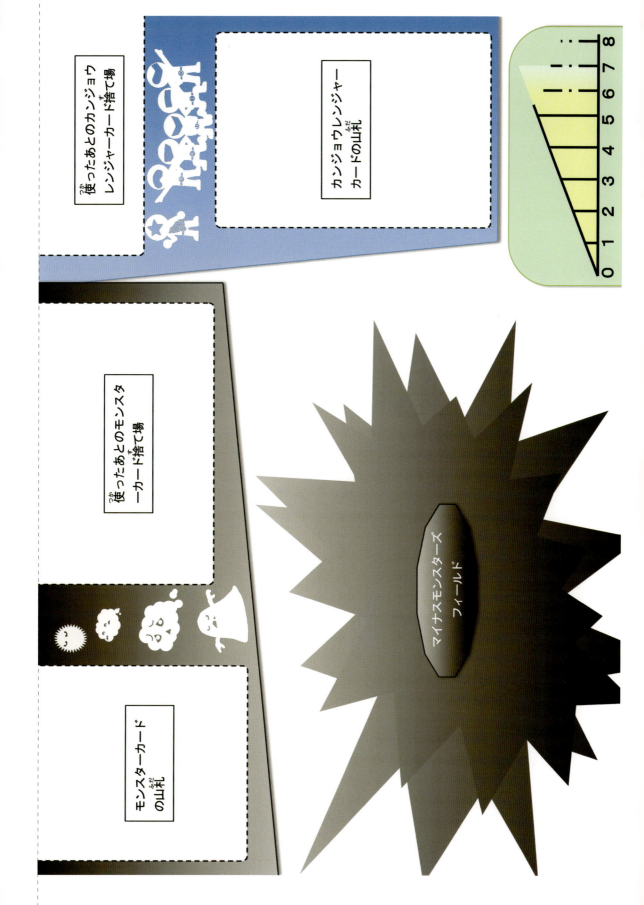

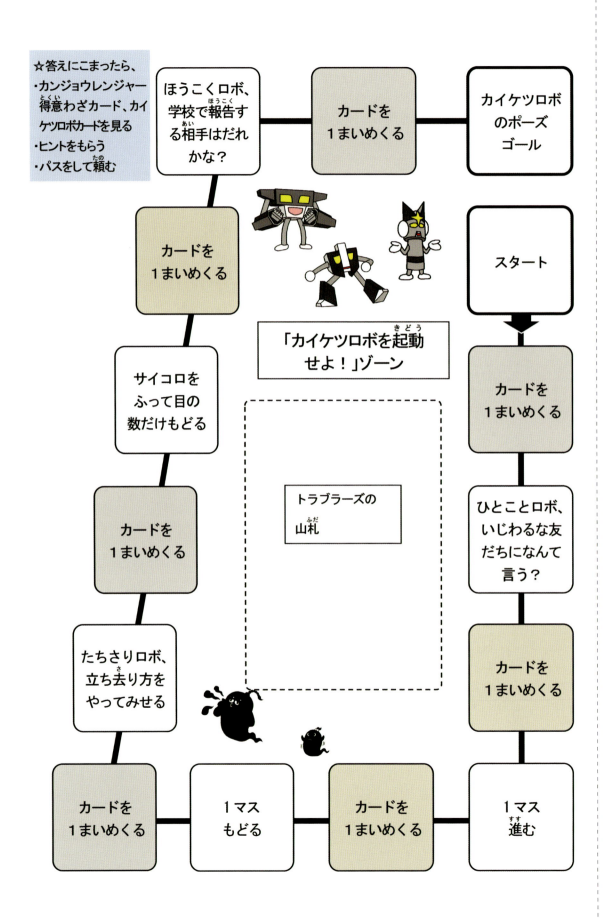

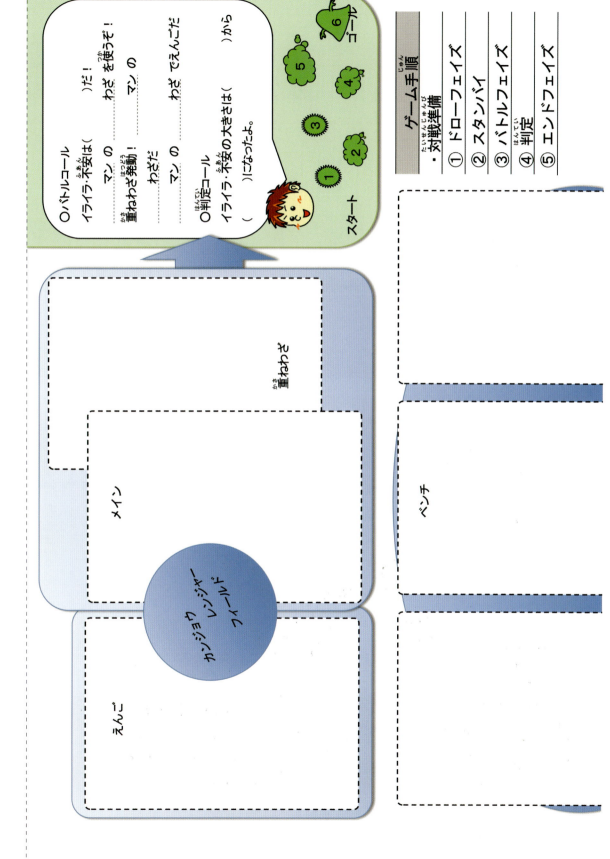

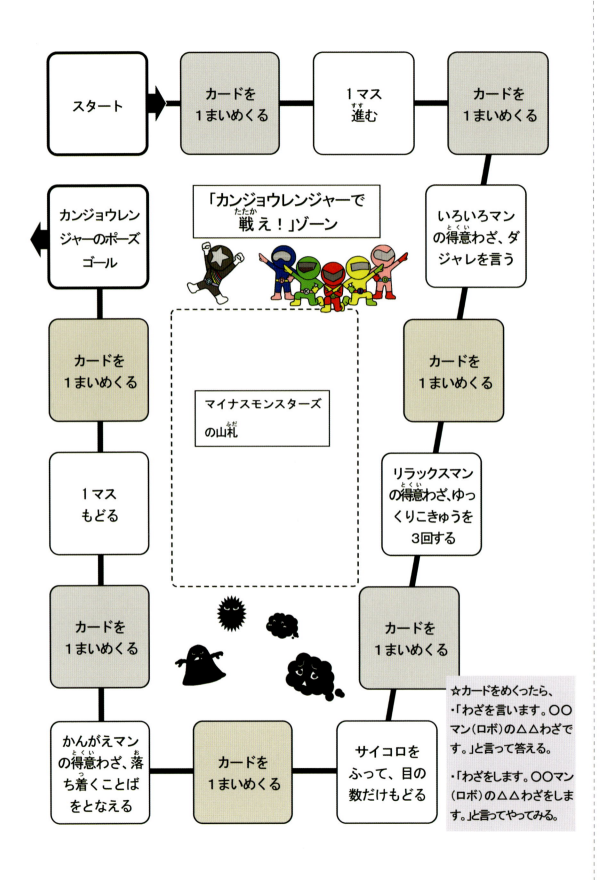